FAW-Verlag

Freizeit | Abenteuer | Wissen

© 2013
FAW-Verlag
Panzerleite 74
96049 Bamberg
Hinweise/Leseproben (auch zu anderen Publikationen) über:
www.prag-wie-ich-es-mag.de

Ergänzende Anregungen, für die wir jederzeit dankbar sind, senden Sie bitte an info@faw-bamberg.de.

Der FAW-Verlag folgt den Regeln der alten Rechtschreibung und damit u.a. den Rechtschreibkonventionen traditionsreicher Verlage und überregionaler Medien.

Mallad, Heike: Bamberg mit Leib und Seele
1. Auflage, Bamberg 2013

ISBN: 978-3-932853-11-1

Fotos/Umschlag: Dr. Heike Mallad, Bamberg ©2012
Vordere Umschlagseite: Montage aus den Bamberger Domtürmen und der Hausfront des *Schlenkerla*, Dominikanerstraße
Hintere Umschlagseite: Blick vom Rosengarten zum Michelsberg
Schlußkorrektur: Julia Eckert, Bamberg
Druck: Mails & More® Oppl GmbH, Baumgarten/Österreich

Heike Mallad

BAMBERG

mit Leib und Seele

Mit einem Vorwort von Wolfgang Meinig

1. Auflage

FAW-Verlag Bamberg

Freizeit | Abenteuer | Wissen

Inhalt...

...oder: wohin Sie dieses Buch führt

Vorwort

Geschichts- und Geographieunterricht vor Jahrzehnten – ach, wie mühsam war dies! Nackte Zahlen und Fakten wurden gepaukt und für die nächste Klassenarbeit ins Gedächtnis gespeichert, fast alles ohne Bezug zur Wirklichkeit, die für uns damals als Kinder überwiegend unerreichbar war.

Heutzutage haben wir genügend Möglichkeiten und vor allem Mobilität, um uns traumhafte Städte, einzigartige Baudenkmäler, Kirchen und Schlösser anzuschauen und unter Einsatz elektronischer Medien abzuspeichern, um sie zu jeder Zeit an jedem Ort abrufen zu können. Die visuelle Dominanz scheint weiter um sich zu greifen; zumindest gewinnt der Beobachter diesen Eindruck, wenn die japanischen und chinesischen Stadtbesucher unablässig die Kamera vor das eine offengebliebene Auge halten und in Rekordfrequenz abdrücken. Es wird das festgehalten, was im Augenblick wichtig erscheint – es bleiben aber Zweifel, ob jemals so etwas wie eine Aufarbeitung dieser Aufnahmen stattfindet.

Wird man so einer Traumstadt, einem Weltkulturerbe gerecht?

Die Autorin folgt einem diametral entgegengesetzten Ansatz, indem sie Bamberg „sich leben läßt“, so wie die Domstadt ist und so, wie sie diese selbst in fast dreißig Jahren erlebt hat und immer wieder aufs Neue erlebt.

Die Menschen Bambergs stehen im Zentrum des Geschehens, Menschen unterschiedlichen Alters, Charakters und Temperaments, unterschiedlicher Herkunft und Qualifikation. Alle liefern sie ihren ganz individuellen Beitrag zum tieferen Erleben. Und so erfahren wir Schmerz und Wohlgefühl, Leid und Freude, Kälte und Wärme, Enttäuschung und Glück, viel Glück…

Alle Sinne werden beim Leser angesprochen, gelegentlich sogar gefordert: So wird er so sanft, wie es nur geht, an den für ihn bisweilen bizarr klingenden oberfränkischen Dialekt herangeführt – für viele von uns, die aus nördlichen Regionen stammen, eine neue Fremdsprache. Doch die Mühe lohnt sich – denn Sprache öffnet Herzen.

Natürlich können die nachfolgenden Geschichten kein vollständiges Bamberg-Bild zeichnen, das beabsichtigt die Autorin auch gar nicht. Vielleicht kommen dem ein oder anderen die typischen Aushängeschilder wie der Bamberger Reiter, die Symphoniker, die Residenz gar zu kurz. Statt dessen sollen aber die vielen liebenswürdigen, persönlichen Erlebnisse und Geschichten dazu anregen, daß wir selbst in das vitale Geschehen Bambergs eintauchen, auf Entdeckungstour gehen, uns begeistern lassen von einer Traumstadt – und dies mit Leib und Seele.

Bamberg, im November 2012
Wolfgang Meinig

Wie ich Bambergerin wurde

Im Schlenkerla

Ein dunkler regenschwerer Abend. Das Kopfsteinpflaster zwischen Austraße und Grünem Markt glänzte bleiern. Und so fühlte sich auch die Müdigkeit an, die sich wie ein schwerer Mantel aus altem muffigem Loden auf mich legte.

Vor erst drei Tagen war ich nach Bamberg gekommen. Als frischgebackene Studentin. Aber frisch, nein, das war ich nach meiner ersten Vorlesung in Literaturwissenschaft gewiß nicht mehr. Thomas Mann und seine Buddenbrooks standen zwischen 18:00 und 20:00 Uhr auf dem Programm. Es taten sich Zweifel auf: War *das* wirklich *das*, was ich lernen wollte? War Bamberg der richtige Ort dafür? Und: Wie komme ich jetzt nach Hause, wo doch um diese Zeit gar kein Bus mehr nach Wildensorg fährt. Dort hatte ich nämlich – oh, ich Glückliche! – ein kleines Appartement trotz all der Wohnungsnot inmitten der 1980er Jahre vor den Toren Bambergs gefunden.

Eine Nachtlinie gab es damals noch nicht.

Aber einen Taxistand, damals noch am Grünen Markt, in der direkten Einflugschneise zur Universität, aber auch zur Altstadt.

Was also tun? Die Lösung war denkbar einfach: Wenn schon die teure Mobilität, um sicher nach Hause zu kommen, dann sollte sie sich wenigstens lohnen. Und nach der ganzen feinen hanseatischen Welt des Großbürgertums im durchgeistigten Hörsaal wollte ich etwas ganz einfaches.

Was Volksnahes.

So trat ich in die volle Wirtsstube des Schlenkerla. Daß ich neu war, merkten die Anwesenden sofort – so unsicher, wie ich mich bewegte. Ich war zwar von Geburt her aus Franken, aber mit Migrationshintergrund – in Unterfranken am Untermain groß geworden, nach Oberfranken zum Studieren ausgewandert.

Doch als mich schließlich einer dieser blankgewetzten Holztische aufforderte, an ihm und bei all den anderen Platz zu nehmen, hatte ich schnell den Eindruck: Jetzt gehöre ich dazu.

Ein bißchen fühlte ich mich gar wie zu Hause.

Doch daheim war ich im Schlenkerla noch lange nicht. Das sollte Jahre, Jahrzehnte dauern.

In der Zwischenzeit sollte ich mehr über das Schlenkerla erfahren. Recht schnell wurde ich darüber aufgeklärt, daß es ab 1877 der Wirt Andreas Graser war, der – aufgrund eines Unfalls leicht behindert – ausladend mit seinen Armen hin und her schlenkerte, um so der Braustube zu ihrem heutigen Namen zu verhelfen:

Der Schlenkerla wurde dann schnell *das* Schlenkerla.

Und natürlich mußte ich mich immer wieder examinieren lassen, woher denn eigentlich das Rauchbier mit seinem deftigen Geschmack stammt. Für mich war es lange Zeit ein Schinkenbrot zum Trinken – mehr nicht, und weniger nicht. Irgend jemand erzählte mir, daß angeblich ein dummer Zufall für den Räuchergeschmack sorgte, es sei nämlich Hopfen bei einem Dachstuhlbrand verkokelt. Da der Hopfen aber so teuer ist, habe man ihn einfach weiterverwendet. So sei der Rauch ins Bier gekommen. – So stimmt es aber nicht. Ich durfte lernen, daß heute eigentlich immer noch jedes Bier Rauchbier wäre, wenn die alte Methode des Darrens, des Malztrocknens über offenem Feuer weiterhin überall Bestand hätte. Im Schlenkerla ist es noch so – ganz so, wie es die Bierbrauer-Tradition vorschreibt: herrlich-würziger Rauch aus brennenden Buchenholzscheiten wird durch das Malz und damit ins Bier geschickt.

Aber *fei Obacht*: Das schmeckt nicht jedem, zumindest nicht beim ersten Schluck.

Dies läßt sich immer wieder eindrucksvoll an den Gesichtern der Neueinsteiger beobachten.

Überhaupt: Wer öfter ins Schlenkerla geht, wird ganz von selbst ein aufmerksamer Beobachter und macht, ob er nun will oder nicht, eine gewisse Evolution vom außenstehenden Fremdkörper zum vielwissenden Insider durch:

Das Schlenkerla ist der geeignete Platz zum heiteren Berufe-Raten. Das erste Mal, als wir – damals noch ungewollt – dieses Spiel spielten, saßen wir zusammengepfercht an einem überfüllten Tisch. Rechts auf die Bank quetschten sich ein paar verschreckte Touristen, links von uns drei überdurchschnittlich seriös dreinblickende Männer, dem Dialekt nach aber ganz klar Bamberger.

Na, wollte ich wissen, endlich Feierabend?

Ja, wir sind gerade von einer Dienstreise wieder heim nach Bamberg gekommen. (Und mit etwas verächtlichem Unterton:) Wir mußten mal wieder nach München. Die Zentrale hatte gerufen.

Aha, deswegen der vornehme Dress, stellte ich schnell fest.

Die drei gluckstеn etwas und spülten ihre schlecht gespielte Verlegenheit mit ein paar tiefen Zügen Bier hinunter.

Bestimmt Versicherungsvertreter im Außendienst, raunte ich in das Sprachrohr meines Glases.

Stimmt, woher wissen Sie das? Haben wir Sie schon mal beraten?

Nein, aber hier im Schlenkerla, da sieht man vieles klarer…

Kurzes Schweigen der drei, dann meinte plötzlich der eine: Und jetzt dürfen wir mal raten. Denn irgendwoher kenn' ich Sie, sagte er bestimmt, deutete aber nicht auf mich, sondern auf meine Begleitung. Der damalige Mann an meiner Seite, der heute der meinige ist, lächelte vielwissend. Er war es gewohnt, hin und wieder angesprochen zu werden, unterrichtete er nicht nur Hochschüler in Betriebswirtschaftslehre, sondern war hin und wieder mit Kommentaren zur aktuellen konjunkturellen Lage im *EffDeeh* (dem Heimatblatt „Fränkischer Tag") präsent. Klar also, daß er kein ganz Unbekannter war.

Hmmm, ich weiß nicht, ich weiß nicht… zweifelte das Versicherungsgesicht, ich kenn' Sie, aber ich weiß einfach nicht, woher.

Keine Sorge, meinte der Angesprochene, Sie kommen bestimmt gleich drauf.

Erstmal brachte aber eine Runde Bier weitere Entspannung in die rätselnde Tischgesellschaft. Dann aber wieder:

Doch – ich kenn' Sie, da bin ich mir absolut sicher. Halt – nix sagen, ich hab's gleich. Gleich, gleich… hab' ich's.

Die Gespräche um uns herum rauschten weiter, doch eine normale Unterhaltung wollte an unserem Tisch nicht aufkommen. Das einzige, was wirklich floß, war das Bier. Hin und wieder einzelne Satzfetzen, dann wieder fragende Blicke, dazwischen frisches Bier – und dann schon wieder.

Ich weiß nicht, aber ich kenn' Sie…

DOCH, ich kenn' Sie…

Die stummen Touristen zur Rechten hatten irgendwie unsere groteske Konversation mitbekommen, wagten aber nicht, sich einzuschalten. Statt dessen sendeten sie einige mitleidige Blicke in unsere Richtung.

Als wäre er von diesen getroffen worden, sprang der Wortführer plötzlich auf, stieß seinen Stuhl so heftig nach hinten, daß Olga, die Bedienung, strauchelnd und fluchend ihr Schienbein rieb. Dann klatschte er mit der flachen Hand auf den Tisch:

Jetzt hab' ich's. Jetzt weiß ich endlich, woher ich Sie kenn', rief er und fixierte siegessicher den Gemeinten. – Ich hab' Sie neulich auf der Messe gesehen, in München. Auf der *Mode*messe. Ganz klar. Daß ich nicht gleich drauf gekommen bin: Sie sind in der Modebranche tätig.

Sprach's und nickte triumphierend, statt auf eine bestätigende Antwort zu warten. Dann trank er sein Glas in einem Zug aus und verließ mit seinen Spießgesellen die Wirtsstube.

Der Mann an meiner Seite schaute nicht minder triumphierend, zupfte an seinem Hemd herum, prüfte wohlwollend das Design und die Qualität des Stoffes und meinte selbstgefällig: – Wußte ich's doch schon immer: Guter Geschmack. Ich bin eben aus der Modebranche…

Das gleiche Ritual wiederholte sich mehrmals, natürlich mit anderen Tischgenossen. Mal gaben wir uns als Holzhändler aus und stritten trefflich um Ster, Raum- und Festmeter, dann waren wir Verpackungsspezialisten, die öfter *nei die Bosch* müssen, um dort die Zündkerzen mit Plastik zu verhüllen. Und schließlich gaben wir uns als Vertreter für chinesisches Arztbesteck, insbesondere Operationsscheren aus, die regelmäßig aus dem Reich der

Mitte Instrumente für gute Kunden des Bamberger Klinikums holten…

Apropos Kundenbeziehung: Was ich sehr früh im Schlenkerla lernte: Kundenfreundlichkeit wird großgeschrieben. Das aber bedeutet vor allem, daß zunächst einmal der Kunde freundlich zu sein hat. Mit der Tugend Fremdenfreundlichkeit hält man es im Schlenkerla genauso. Wer sich nicht an diese Grundregeln hält, hat die Konsequenzen zu tragen. Das mußte auch eine Besucherin aus dem akzentfreien Deutschland erfahren:

Es war an einem ungemütlichen frühen Sonntagnachmittag im Februar, zur merkwürdigen Tageszeit, die sich zwischen Mittags- und Brotzeitkarte lokalisieren läßt. Es war vergleichsweise wenig los, an den meisten Tischen waren noch reichlich Plätze vorhanden. Damit konnten aber die vier Neuankömmlinge nicht allzuviel anfangen, die grußlos in die Wirtsstube eindrangen und mit starrem Blick den Raum – offenbar nach einem komplett freien Tisch suchend – abscannten. Olga hatte Dienst. Wie ein Pferd blähte sie ihre Nüstern, witterte das Problem, schnaubte vernehmlich und würdigte die Gäste keines Blickes. Wie gut, daß Brauerei-Gäule meistens Scheuklappen tragen, dachte ich bei mir und fragte mich insgeheim, wie die Sache wohl ausgehen würde.

Ausgerechnet an meinem Tisch ließen sich die vier nieder, abermals grußlos, worauf sie sich ein schneidiges *Grrrüß Gott* von mir gefallen lassen mußten.

Guten Tag, kam es nordisch reserviert vom anderen Tischende zurück.

Hoffnungsloser Fall, dachte ich, und freute mich lieber am herzhaft schinkigen Geschmack meines Bieres zur besten sonntäglichen Kaffeekränzchen-Zeit…

Meine neuen Tischnachbarn stellten derweil endlose Meditationen über die Speisekarte an. Völlig ratlos und hoffnungslos überfordert blätterten sie hin und her, her und hin, studierten und studierten nochmals.

Erst, als ich mein Glas geleert hatte, kam Olga herüber.

No aaans?, fragte sie mich im schönsten Bamberger Dialekt. Während ich noch dabei war, zu nicken, drehte sich Olga zu den vier Nordlichtern herum und schepperte ihnen blechern in ungewohnt überartikuliertem Hochdeutsch entgegen:

Und *Sie*? Was möchten Sie *bitte schön* trinken?

Große Ratlosigkeit in der Viererbande, obwohl sie eigentlich genügend Zeit hatte, zu wählen.

Aber Moment mal, was heißt denn da wählen – oder gar auswählen? Wenn man ins Schlenkerla geht, *wählt* man Bier, so einfach ist das, gell? Nicht aber für unsere vier am anderen Tischende.

Einer der beiden Männer bestellte immerhin ein Bier, der andere zuckte entschuldigend mit den Achseln und orderte eine Apfelsaft-Schorle, nicht ohne die Begründung hinterher zu schieben: Ich muß fahren.

Und die zwei Frauen?

Ich nehme ein Wasser, so die eine.

Das Zauberwort mit den zwei „t“ hatte sie sich geschenkt, das „*Bitte*“ kam auch von der anderen nicht, sondern nur:

Einen Kakao.

Während ich mich an meinem Bier zu verschlucken drohte, wollte Olga kurzfristig in Ohnmacht fallen, besann sich aber eines besseren:

So a Zeuch hammä ned.

Olga rauschte ab. Die Schokoladen-Trinkerin schaute ihr verständnislos hinterher. Sie sollte während ihres gesamten Schlenkerla-Besuchs getränkefrei bleiben…

Zwei Sorten von Menschen haben es im Schlenkerla schwer: Miesmuscheln und Paradiesvögel, außer sie haben ein dickes Fell. Aber selbst das nützt nicht immer, wie ich einmal am Dreikönigstag miterlebt habe. Es ist ein ganz besonderer Tag in der Domstadt, denn die Bamberger gehen sich „Stärk’ antrinken“. Überall trifft sich heiteres Volk, das innerlich mit dem frohen Fest abgeschlossen hat und nach all dem Weihnachtsmarkt-Glühwein und Silvester-Sekt endlich wieder offiziell dem Bier zusprechen darf. Und *muß* – jetzt nämlich gilt es, in den ersten Januartagen Kraft für das ganze Jahr zu tanken, symbolisch wenigstens mit einem *Seidla.* Da das aber nur einen halben Liter faßt, dürfen – oder besser: sollten – es auch gleich mehrere sein. Denn die Hardcore-Version dieses alten Brauchs verlangt, daß mindestens ein Seidla pro Monat die gewünschte Stärk’ fürs kommende Jahr bringt. Das war auch zu Beginn des Jahres 2002 so.

Es war also alles so wie immer. Es war aber auch alles ein bißchen anders an diesem sechsten Januar:

Seit sechs Tagen galt eine neue Währung, der Euro.

Seit knapp sechs Monaten war die Welt durch die New Yorker Anschläge des Bin Laden mit seinen afghanischen Terrorrebellen, den Taliban, in Angst und Schrecken versetzt.

Seit sechs Wochen herrschte strenger Winter, und am 6. Januar lag Deutschlands Kältepol mit minus 28 Grad in Bamberg.

Das Schlenkerla war voll, übervoll – wie auch manche seiner Besucher. Es ging hoch her, wir mittendrin. Während draußen sibirische Kälte herrschte, waberte drinnen rauchgeschwängerte Hitze, die den geweihernen Lampen, den *Lüster-Weibla*, aus den blaufädrigen Schwaden ein schleiernes Gewand strickte. Der Geräuschpegel nahm hörsturz- und tinnitusfördernde Ausmaße an. Wogen der Begeisterung schwappten in und aus den Biergläsern in eine schunkelnde, schlenkernde Gemeinde. An unserem Tisch war das nicht anders.

Da ging plötzlich die Tür auf.

Zwei Lichtgestalten aus der Welt der Reichen und Schönen traten ein. Oder besser: Sie erschienen. Beide in wallendweiße Pelzkaftane gehüllt, mit edlen turbanähnlichen Fellmützen behütet, Schneeflocken in den herausquellenden gestylten Locken und im sorgsam getrimmten Bart sanft dahinschmelzend. Und als modisches Accessoire je einen nicht minder durchgestylten Hund mitführend. Aber nicht irgendeine Promenadenmischung mehrerer Straßenköter, sondern je ein reinrassiges, aufgehübschtes afghanisches Windspiel, an einer swarovskibesetzten Leine dahertänzelnd.

Die Wirtsstube samt Insassen verstummte schlagartig und musterte die vier Lebewesen eingehend. Ich tat selbiges, hatte noch die letzten Gesprächsfetzen und neuesten politischen Witze über Osama Bin Laden in den Ohren, dann vernahm ich das überzüchtete Fiepen der Afghanenhunde und mir fiel nichts besseres ein, als laut zu denken:

Ja, seit wann dürfen denn hier auch die Taliban ins Schlenkerla?!!

Die ochsenblutgeschwängerten Dachbalken über unseren Köpfen bogen sich unter den Lachsalven. So schnell, wie die beiden fluchtartig das Lokal verließen, so schnell hatte ich zwei, drei Freibier vor mir stehen und viele neue Freunde gewonnen:

Subbä hasddes gmachd, Madla, klopfte es von allen Seiten auf die Schulter.

So a Dallibaan braung mä fei ned!

An heißen Tagen im Juli, August mag ich das Schlenkerla ganz besonders. Wenn jeder in Eisdielen, Straßencafés oder *auf'm Kellä* im Freien sitzt, liebe ich die dämmerige Kühle der alten Balken in der in sich ruhenden Wirtsstube. Von draußen krabbeln sonnenstrahlige Finger durch die Geranienkästen, durch die weit offenen Holzläden über die Simse in das alte Lokal und kitzeln den grünen Kachelofen: Na, Du hast jetzt gar nichts zu tun – *bei derra Hitzn.*

Es ist Samstag Vormittag und wenig Betrieb. Ich setze mich an einen der drei freien Fensterplätze, ein Platz an der Sonne und doch im Schatten, und zeige der Sandstraße die kühle Schulter. Kühl auch die blankgewetzten Holztische, die mit ihren Lebenslinien in ihrer Schlichtheit edler als Marmor sind. Draußen hüpft der Sommer umher zwischen den Häusern, unbekümmert und strahlend. Selbst die dunkle und unnahbare Ludwina, die gerade Dienst hat, wirkt heute hell und leicht. Sie bringt mir ein Glas. Gerade ist ein neues Faß angestochen worden. Der überschwappende Schaum duftet nicht nur nach erfrischendem Hopfen und Malz, sondern auch nach schattigen Kastanienbäumen, Vogelgezwitscher, Freibad und langen lauen Sommerabenden. Auf der Kupfertheke tanzen Sonnenflecken wie weißwirbelnde Apfelblütenblätter im Wind. Der Zapfhahn ist ein plätschernder Brunnen, der sich in einen kalten Steintrog ergießt.

Und dann der erste Schluck Bier, der mich erlöst wie ein Sommerregen die dürren Felder…

Hin und wieder kommen vereinzelt Gäste in die Schankstube. Es raschelt meist in ihren Händen. Das sind unscheinbare Papiertüten. Sie tragen einen köstlichen Inhalt: die berühmten *Lebbäkäs-Brödla vom Libbold* – also von nebenan, von der Metzgerei Liebold. Sie sind genauso willkommen wie ihre Besitzer, denn bis um 11:00 Uhr darf jeder seine eigene Brotzeit selbst mitbringen. Teller und Besteck stehen eigens vorn am Tresen bereit.

An einem solchen Sommerwochenende bekam ich Besuch von einer Handvoll Klassenkameraden; manche hatte ich seit zwanzig Jahren nicht mehr gesehen. Das Schlenkerla war der einzige Platz, der mir für solch ein Treffen würdig erschien. Die Jungs, die einst die Schulbank mit mir drückten, rückten zusammen und nahmen mich in ihre Mitte.

Und schon kam auch Ludwina, die mein eindeutiges Handzeichen sah, mit sechs Bier. Sie zwinkerte mir zu und prüfte meine männliche Tischgesellschaft mit kritischem Blick. Als sie meinen sonst hinlänglich bekannten Begleiter – Sie wissen schon, der Modeexperte, Holzfachmann und Operationsscheren-Händler – nicht unter ihnen entdeckte, wurde sie neugierig.

Wo isna Dei Moo?

Wie bitte??? Nicht, daß ich nicht ihre Frage genau verstanden hätte. Aber etwas war doch völlig anders. Die Ludwina hatte mich doch tatsächlich geduzt. Während sie sich sonst bei der Begrüßung mit dem schönen altmodischen fränkischen Plural *Euch* um ein zu distanziertes *Sie* herumgemogelt hatte, wählte sie heute eine viel vertrautere Variante. Es klang wie Musik:

No, sooch amol, Du – wo isna heut Dei Moo?

Du auf Du im Schlenkerla. Das erste Mal. Es war ein erhebendes Gefühl.

Denn jetzt wußte ich:

Ich war soeben Bambergerin geworden.

Licht im Dunkel

Eine theatralische Zeitreise durch Bambergs Geschichte

„Ich werde heute für Sie die Stadtgeschichte von Bamberg beleuchten. … Die Dunkelheit ist dabei unser Ausgangspunkt. Das Nichts, die Leere sozusagen. Hier gibt es kaum Orientierung. Jetzt kommt das Licht ins Spiel und alle Augen konzentrieren sich hierher. Wenn ich mein Licht nun auf eine bestimmte Sache richte, dann löse ich diese damit aus der Dunkelheit heraus. In unserem Fall ist es das Buch, in dem die Geschichte dieser Stadt aufbewahrt wird. – Natürlich kann ich Ihnen mit meinem Licht nicht alles zeigen, was es gab und gibt, aber ich kann sehr wohl manche Dinge genauer zeigen. … Ich werde mein Licht auf Ereignisse richten, die diese Stadt in ihrem Wachsen und Werden geformt und geprägt haben.

Dies ist die Silhouette von Bamberg…“

Ich sitze im Stockdunkel, lausche wie gebannt der eindringlichen Stimme aus der Finsternis und folge schließlich fasziniert dem kleinen Lichtkegel, der scheinbar erst scheu tastend, dann selbstbewußt und zielstrebig eine neue, und doch alte und bekannte Welt entstehen läßt:

ein Schattentheater.

Ein Schattentheater in Bamberg.

Es hat seinen Platz da, wo einst alles begann – im ältesten Raume Bambergs, in der Katharinenkapelle.

Wer den Domplatz verläßt und durch das Portal der alten Hofhaltung geht, gelangt über einen Vorhof und eine Treppe in das gotische Gewölbe der geschichtsträchtigen Kapelle aus dem Jahr 1020. Schon jetzt, noch bevor das Theaterstück angefangen hat, weiß ich: Es gibt keinen besseren Platz in Bamberg, um die Geschichte dieser Stadt zu erzählen.

Dazu braucht es zunächst einmal gar nicht so viel. Nur erahnen kann ich zwei große Leinwände und ein großes Buch. Und einen Tisch.

Hinter dem Tisch steht ganz in Schwarz Norbert Götz. Ein Geschichtenerzähler, ein Rezitator, ein Stadtschreiber, aber vor allem:

ein Lichtkünstler,
ein Schauspieler,
ein Puppenspieler ,
ein Schattenspieler.

Von allem ein bißchen. Aber vor allem ein Magier – ja, ein Magier, denn er beherrscht gleichsam die übernatürlichen Zauberkünste mit Hell und Dunkel. Er weiß um die magische Wirkung von Licht und Schatten.

Ich habe Glück und sitze gleich vorn, in der zweiten Reihe. Ich kann, obwohl es dunkel ist, viel erkennen. Denn meine Augen konzentrieren sich ausschließlich auf die wenigen auflösbaren Details. Und so sehe ich mehr, obwohl ich eigentlich weniger sehe. Zum Beispiel das Buch, das im Dunkel vor dem schwarzgekleideten Schattenspieler liegt.

Es sieht schwer aus, gewichtig.

Bedeutungsschwanger.

In Leder gebunden hält es in seinen festen Armen die Chronik der Stadt. Ein seltsames Buch, wie ich im Laufe des Theaterstückes feststellen sollte. Kein langweiliger Geschichtswälzer, kein Stadtführer, kein Lexikon, und erst recht kein Roman, keine Biographie, kein Gedichtband, kein Krimi – aber von jedem etwas.

Später erzählt mir Norbert Götz, daß er bereits vor zehn Jahren die Idee hatte, etwas von Bamberg auf die Schattenbühne zu bringen. Eigentlich war seine erste Idee, tatsächlich einen Krimi von und über und in Bamberg zu inszenieren. Im Mühlenviertel hätte er spielen sollen, wo dunkle Gestalten in der opulenten Umgebung von verwinkeltem Fachwerk, fliehenden Brücken und einer unerbittlichen Flußströmung ihr Unwesen treiben. Aber während er auf der Suche nach *dem* perfekten Verbrechen im Mittelalter war, das er zwischen den Regnitzufern hätte ansiedeln können, merkte er: Bambergs Stadtgeschichte – sie selbst ist besser als der beste Krimi. Sie bietet in ihrer über tausendjährigen Zeitspanne einfach alles, vor allem viel *sex and crime*: eine echte Liebesheirat zwischen dem Kaiser Heinrich und seiner Kunigunde von Luxemburg, Macht, Neid und Mißgunst der Bischöfe, einen Königsmord und die unglaublichen Wirren der Hexenverfolgung.

Doch so weit sind wir noch nicht. Am Anfang ist auf der Leinwand nichts weiter als die kleine Festung Babenberg, die in die Hände Heinrichs fällt und die er im Jahr 1000 seiner geliebten Frau als Morgengabe am Hochzeitstag schenkt – die eigentliche Geburtsstunde Bambergs. Oder besser: eine Sternstunde.

Tausend Jahre. Was für eine Zeit.

Tausend Jahre? Wie passen die in nur eineinhalb Theater-Stunden? Das ist mehr als gewagt.

Ins düstere Mittelalter kommt aber schnell das Licht der Hoffnung: Neben dem Dom gibt es zahlreiche Kloster- und Kirchengründungen. Doch wo Licht, da auch Schatten. Zwischen Klerus und Bürgerschaft entsteht mehr als nur ein kleiner Nachbarschaftsstreit. Mir ist so, als würde da vorn der figurenspielende Mann in Schwarz selbst ein Teil dessen. Die Lichtstrahlen verleihen ihm markante Stirnfalten. Gram und Sorgen graben sich tief in seine Gesichtszüge und in die Figuren, die er aus seinem Buch hervorzaubert. Nicht nur durch seine Lichtspiele, sondern durch jede Faser seines Körpers verwandelt er sie in eine wütende Meute. Verzerrte Schatten jagen über die Leinwände, und doch gestochen scharf zeichnen sich Lanzen und

Hellebarden ab, die sich gegen die Obrigkeit erheben – so scharf, daß sie aussehen wie frisch geschliffen. Möglich machen es ganz kleine Lichtpunkte, die gleichsam aus den Händen des Schattenspielers zu strahlen scheinen. Das Licht, ja, das Licht – darauf komme es eben an, erklärt er mir später. Nicht jedes Licht eignet sich, um die Schatten zum Leben zu erwecken. Und nicht jedem Licht gelingt es, die Rolle der Augen des Zuschauers einzunehmen…

Eine ganze Weile dauerte es, doch dann war es plötzlich klar: Die Hauptrolle im Schattentheater spielt nicht der Schatten selbst, sondern das Licht. Dreidimensional sollten die Geschichten im Dunkel präsentiert werden und nicht so statisch wie zum Beispiel im asiatischen Schattenspiel.

Nur – wie sollte das gehen?

Irgendwann nach der langen Phase des Experimentierens mit herkömmlichen Glühbirnen und mit Overheadprojektoren kam Norbert Götz buchstäblich die Erleuchtung, und zwar über einen kleinen Fahrrad-Halogenstrahler. Alle anderen Lichtquellen waren zu groß, zu diffus. Die Schatten fransten aus, wurden unscharf. Aber das Fahrradbirnchen – das war's!

Licht, so sagt Norbert Götz fast zärtlich, Licht ist wie ein Kind. Du mußt lernen, es zu zähmen. Und: Du mußt seine Talente in ihm wecken.

Doch so klein das Fahrradbirnchen auch war, es wurde heiß, sehr heiß in der Hand des Schattenspielers und zwang ihn zum Handeln. Aber erst mal zum Nachdenken. Ein Griff mußte her, der aber sollte gut in der Hand liegen, um möglichst unverfälscht die Bewegungen des Arms, des ganzen Körpers wiederzugeben.

Irgendwie bin ich dann auf die Idee gekommen, so kugelige Abschlußstücke von runden metallenen Zaunstäben herzunehmen, schmunzelt er.

Und so schmiegen sich nun die Schattenspielerfinger um einen kleinen schwarzen Metallball, der aus seinem Inneren leuchtet.

Wir sind mit der Zeitreise durch Bambergs Geschichte mittlerweile kurz vor dem Jahr 1600 angekommen. Und damit auf der dunkelsten Seite Bambergs.

Der Schein des Feuers, der sonst Wärme und Geborgenheit ausstrahlt, bringt die Schatten des Todes in die Stadt. Die Jungfer Behemer ist eine der ersten, die als Hexe auf dem Scheiterhaufen stirbt, weil sie – wie Norbert Götz einen der Ankläger mit schriller Stimme rezitiert – mit dem Teufel gebuhlt haben soll.

Der Schattenspieler schlägt damit das schwärzeste Kapitel in seinem großen Bamberg-Buch auf, aus dem er ein altes Pergament zieht. Dann zündet er eine Kerze an und beginnt den Abschiedsbrief von Bürgermeister Junius an seine Tochter Veronica vorzulesen.

Ein solcher Schmerz steigt aus den Zeilen, daß er mir das Herz zu lähmen droht. Ich fühle mich so seltsam leer und schäme mich gar. Ob es daran liegt, daß im schönen, hellen, lichten Bamberg so fast gar nichts an die Schatten der Vergangenheit erinnert? Wer weiß schon, wenn er durch die Innenstadt geht, wo das einstige Malefiz-Haus, das Foltergefängnis, stand? Und wer findet ein Zeugnis in der Stadt darüber, daß jeder zehnte Einwohner durch die Schergen des Bischofs sein Leben lassen mußte? Nur durch Zufall habe ich neulich auf einem Weg durch die Mayersche Gärtnerei dort die Anna-Maria-Junius-Straße entdeckt. Wenn ich nicht „Licht und Schatten“ gesehen hätte, ich wüßte mit diesem Namen nichts anzufangen. Aber ein richtiges Mahnmal für die 1.000 Bamberger, die zu Unrecht als Hexen und Ketzer durch den Irrglauben der katholischen Kirche verbrannt worden sind, Fehlanzeige.

Wie gut, daß mir – und allen anderen, die es zulassen – das Schattentheater die Augen öffnet.

Dann – endlich! – wird es heiterer. Das Licht tanzt über neue prächtige Bauten, über verspielte Giebel, das Antlitz der Stadt wird weicher und lieblicher. Wir sind im Barock – die Hohe Zeit Bambergs.

Die kleinen Strahler zeichnen auf den Leinwänden eine glückliche Episode Bambergs nach, die von Lebenslust und der Freude am Schönen geprägt ist. Die Stadt blüht auf, hat plötzlich Residenzcharakter, vor allem betont durch die neue weitläufige und mondäne Anlage des Domplatzes.

Ja – der Domplatz.

Der Domplatz hat gerade für Norbert Götz eine fast schicksalhafte Bedeutung. Denn er – oder besser gesagt eine Fahne vor der alten Hofhaltung – ist der sichtbare Beweis seines Erfolges.

Daß ich irgendwann eine eigene Fahne, und dann auch noch auf dem Domplatz, bekomme, die für mein Schattenspiel wirbt, erzählt der Herr über Licht und Dunkel mit merklichem Stolz, das war für mich der Ritterschlag.

Vergessen die Strapazen rund um den holprigen Beginn: Premiere des Schattenspiels war 2004 im Frühsommer, damals noch im Neuen Palais in der Luitpoldstraße. Nur wenige Besucher verirrten sich anfangs hierher. Einmal waren es gar so wenige, daß dann die Veranstaltung ausfallen mußte.

Aber irgendwann lief es plötzlich.

Und es lief dann immer besser.

Auf der Suche nach neuen Räumlichkeiten wurde plötzlich eine Domführung zur Offenbarung:

Ja – die Katharinenkapelle, das wär's doch!

Aber schnell kam so etwas wie Ernüchterung, denn die Hausherrin dieser geschichtsträchtigen Stätte ist die Bayerische Schlösser- und Seenverwaltung. Und wer einmal mit ihr zu tun hatte, der weiß, wie streng und unerbittlich und vor allem restriktiv sie ihre Aufgaben wahrnimmt. Doch die scheinbar unüberwindbare Hürde entpuppte sich lediglich als gewissenhafte, unabdingbare, aber nicht etwa unmögliche Prüfung. Nur zu Recht schaut nämlich die Hüterin der bayerischen Schätze ganz genau hin, wie und wann was auf dem Domplatz und in den angrenzenden Gebäuden passiert.

Dann kam es irgendwann zu einer Probeaufführung. Während dieser schicksalhaften Vorstellung kreisten die Gedanken von Norbert Götz unaufhörlich nur um eines:

Wenn das jetzt klappt…

Nach der Probeaufführung war der Vertreter der Bayerischen Schlösser- und Seenverwaltung nicht mehr im Saal. Enttäuschung. Doch just in dem Moment, als die Requisiten des Schattenspiels nach dem Schlußapplaus aufgeräumt wurden und von der Bühne verschwanden, tauchte dieser wichtige Mann wieder auf und willigte ein: Was also zunächst aussah wie ein böses Omen, war der Schritt in eine neue Ära: Die Bayerische Schlösser- und Seenverwaltung gab ihr Placet und so durfte die Katharinenkapelle das „zukünftige Zuhause" des Schattentheaters werden.

Mittlerweile sind wir in der Schattenaufführung im Zeitalter der Revolution angekommen. In Bamberg rotten sich am 4. Mai 1848 die nach Freiheit dürstenden Bürger im Schießhaus, dann aber wegen großen Andrangs im Theater zusammen, um ihren 14 Bamberger Artikeln Nachdruck zu verleihen. Zum Rattern einer alten Schreibmaschine tanzt das flackernde Licht über die schriftgewordenen Forderungen, die von der Leinwand förmlich auf mich zuwandern. Erst eine Stimme. Dann zwei, dann viele und noch viel mehr Stimmen verlangen:

Gewissens- und Lehrfreiheit,
die Aufhebung aller feudalen Lasten,
persönliche Freiheit,
eine gerechte Besteuerung,
den Ausgleich von Missverhältnissen zwischen Arbeit und Kapital.

Irgendwie, so denke ich, war damals alles schon fast so, wie es heute noch immer ist. Die 14 Bamberger Artikel haben so gut wie nichts von ihrer Aktualität verloren. Damals aber waren sie eine Sensation, ein ungeheuerliches Aufbegehren gegen die Quasi-Naturgesetze von oben. Kein Wunder, daß es in der Stadt brodelt. Es kommt zu Raufereien, und als sich dann auch noch angeblich dreitausend Flößer auf den Weg nach Bamberg machen, um Rache zu nehmen für die von oben diktierten Holzpreise, die sich mittlerweile auf Ramschniveau eingependelt haben, kommt es zum Eklat: Infanterie marschiert in Bamberg auf – denn gegen Demokraten helfen nur Sodaten.

Norbert Götz' Dramaturgie, das gekonnte Spiel mit Hell und Dunkel, der perfekte Wechsel zwischen Langsam und Schnell – all das hat mich längst in seinen Bann gezogen, ich selbst bin ein Teil dieser Zeit geworden, schaue fasziniert in das erste Telefonbuch von 1887, das immerhin schon 68 Anschlüsse verzeichnet und finde mich sogar wieder an einem dunklen Abend 1856 im milchigen Schein der ersten Gaslaternen, die Bambergs Altstadtgassen ins rechte Licht rücken.

Ja, das rechte Licht, das ist so ein Thema. Eigentlich war all die Jahre über alles ganz einfach. Das rechte Licht, oder besser gesagt: die richtigen Fahrradlämpchen, die konnte Norbert Götz ganz einfach nach Bedarf einkaufen – bei der Firma Narva im sächsischen Plauen. Von ihr bezieht er über einen Zwischenhändler mindestens 300 bis

400 Lämpchen pro Jahr für sein Schattentheater. Denn die halten oft nur eine Vorstellung lang, weil sie mit Überspannung arbeiten.

Doch bei der letzten Bestellung war alles anders. Die so dahingesagte Bemerkung eines Narva-Mitarbeiters – „Die Lämpchen wird's nimmer lang geben" – löste pures Entsetzen aus. Und vor allem schlaflose Nächte.

Was tun ohne die Fahrradbirnchen?

Es blieb nur eine einzige Lösung: Viel Geld in die Hand nehmen und nochmals mit einer Großbestellung von ca. 18.000,-- Euro die Produktion ein letztes Mal hochfahren. Auf meine Frage, wie es denn um die Haltbarkeit dieser Lämpchen bestellt sei, kommt eine zuversichtliche Antwort: Keine Angst, die halten sich. Jetzt ist Ruhe im Lager des Schattentheaters eingekehrt.

Nicht aber auf seiner Bühne, wo plötzlich das Dunkel noch dunkler wird und sich eine bizarre Silhouette von Stacheldraht zu einem kreischendflehenden Geigensolo flirrend durch den Raum zieht. Mir läuft es eiskalt den Rücken hinunter. Flakscheinwerfer – und sind sie auch noch so klein und verbergen sich scheinbar harmlos in den Schattenspielerhänden – suchen unerbittlich den Himmel ab und bringen grausames Licht ins Dunkel. Tiefflieger kündigen sich mit ihrem bedrohlichen Brummen an:

Dann die Explosion.

Gleißend fallen Bomben und durchschneiden mit unerbittlichem Strahl die Finsternis.

Ist es über dem Hain der Notabwurf eines Piloten auf dem Weg nach Nürnberg in den frühen Januartagen 1945?

Oder ist es der Feuersturm der 13.000 Brandbomben vom 14. Februar?

Oder ist es die Erlöserkirche, die wenige Wochen später in Flammen aufgeht?

Am 22.02.1945 treffen amerikanische Bomben nicht nur die unterirdischen Produktionsstätten in den Stollen, sondern auch das evangelische Gotteshaus. Die 500 bis 700 Menschen in seinem Keller überleben unversehrt. Doch draußen in der Hölle der Stadt hat der Tod aus der Luft Einzug gehalten.

Dramen spielen sich ab.

Menschliche Schicksale werden wie die Flamme einer Kerze mit einem einzigen Atemzug der Geschichte einfach ausgepustet, so das Leben einer kleinen Flüchtlingsfamilie: Der Bruder der Bamberger Augenzeugin Waltraud Karch kam mit Frau und Töchterchen wenige Tage zuvor mit einem Treck aus Breslau. Das Inferno in Dresden hatten sie überlebt, und sie glaubten sich in das sichere Bamberg gerettet zu haben, um dort an jenem Tag ihr Leben doch noch zu verlieren…

Der Bilderbogen der jüngsten Geschichte schließt sich, so wie Norbert Götz' Augen.

Ein Seufzer geht durch das Publikum, dann beginnt das große Aufräumen in Bamberg, die gesprengten Brücken werden wieder aufgebaut, und die versprengten Musiker der Bamberger Symphoniker kehren aus Prag zurück in ihre Heimatstadt. Als 1950 schließlich die erste Sandkerwa gefeiert wird, wissen die Bamberger von damals und wir hier jetzt im Publikum:

Es geht wieder aufwärts!

Norbert Götz hält noch immer die Augen geschlossen, lehnt sich zurück und sagt leise, aber mit einer gewissen überhaupt nicht arrogant wirkenden Selbstzufriedenheit:

Ja, Licht und Schatten… das ist ein großer Wurf geworden.

Ich weiß nicht, ob er mit dieser Bemerkung seine Schatteninszenierung meint oder Bamberg selbst. Das ist im Zweifel einerlei. Oder besser: Es gilt für beides in gleichem Maße.

„Sind Sie erschöpft? Wir haben einen langen Weg hinter uns. Am Anfang nur die paar Schritte hinüber zum Dom, aber dann: den Hügel hinunter und wieder hinauf zum Kloster auf dem Michelsberg, danach wieder die kleinen engen Gassen hinunter an barocken Gebäuden vorbei zum Rathaus im Fluß, … eine Reise tief in die Vergangenheit. Höchste Zeit, in die Gegenwart zurückzukehren, das Buch zu schließen, das Licht zu löschen…

Was auch immer Sie tun in dieser Stadt, genießen Sie es, denn diese Stadt … ist das überaus kostbare Geschenk eines ganzen Jahrtausends."

Nei der Stadt

Einkaufen in Bamberg

Auch wenn es in Bamberg die üblichen Supermärkte und Discounter zuhauf gibt, lieben es die Bamberger, *nei der Stadt* zu gehen, um ihre Besorgungen zu machen. Ich bin da keine Ausnahme – vor allem an den Samstagen, wenn eine ganz besondere Atmosphäre herrscht. Bewußt wähle ich auch das Wort „gehen“, denn ein Mit-dem-Auto-in-die-Stadt-Fahren ist in den letzten Jahren fast unmöglich geworden; zu knapp der Parkraum, zu nervig das Gerangel um die wenigen Parkplätze, zu häufig überfüllte Parkhäuser, zu weit draußen Park&Ride. Mit dem Fahrrad geht es etwas besser, aber es ist ein zweifelhaftes Vergnügen, es durch die Fußgängerzone, über den Maxplatz und den Grünen Markt zu schieben. Und genau da will ich hin.

Der Grüne Markt – also derjenige Abschnitt der Fußgängerzone, der sich zwischen Gabelmann und Maxplatz erstreckt – darf erst seit kurzem wieder das sein, was sein Name verspricht: grün, knackig, prall gefüllt mit frischem Obst und Gemüse, dazwischen regionale und exotische Spezialitäten, Pflanzen und Blumen im Angebot. Bunte Stände stehen links und rechts Spalier, lassen nicht nur meine Schritte langsamer, die Gesichtszüge heiterer werden. Sie empfangen mich mit ihren beiden offenen Armen, bilden eine unwiderstehlich einladende Flaniermeile des Genusses. Sie verleiten ganz anders zum Schlendern, Staunen, Schnuppern, als dies lange Jahre zuvor war. Da mußte sich der Markt als klumpige, zusammengepferchte Budenstadt unter Wert am Maxplatz verkaufen, bis ihm unter anderem eine Unterschriftenaktion wieder zu seinem eigentlichen angestammten Platz verholfen hat. Vorbei Gott sei Dank die Zeiten dieses sterilen Provisoriums. Vorbei aber auch die Zeiten der Humsera, der echten Humsera – Gattungsbegriff für eine Sorte Händlerin, die eher als zänkisches Marktweib, denn als Botschafterin frischer fränkischer Ware galt. Sie, die Humsera, war nicht etwa eine rechtschaffene Bäuerin, die ihre eigenen Produkte in der Innenstadt feilbot, sondern eine *Markthöckn.* – Ich dachte erst, klar, die heißt so, weil sie halt mit ihren Körben und Steigen so herumhockt. Falsch! Sie war eine Art Zwischenhändlerin, die bei anderen benachbarten Erzeugern oder Händlern eine Art Basis-Sortiment bezog, daß sie dann an andere – natürlich mit Gewinn – ver*hökerte*. Genau das prädestinierte sie zur *Markthöckn*. Auf der Beliebtheitsskala rangierte sie weder bei ihren Kollegen noch Kunden sehr weit oben, vor allem wegen ihrer Ruppigkeit, mit der sie ihr gesamtes Umfeld anranzte. Wer mit ihrer Spitzzüngigkeit und ihrer *Schwärddgoschn* nicht klar kam, hatte halt einfach Pech.

Namensgeberin der Humsera war, wie könnte es anders sein, eine Bamberger Gemüsefrau mit dem Namen Humser, geborene Seemüller. Sie wohnte in der Heiliggrabstraße 64 und war – so die Chronik – „urwüchsig von Humor und derb". Angeblich hat sie sogar den etwas zu kritischen Kunden ihr nacktes Hinterteil entgegengestreckt. 1910 ist sie mit ungefähr 75 Jahren gestorben. Die echte Humsera bekam aber recht schnell eine Nachfolgerin, Liesel Rost, Jahrgang 1911, die mindestens eine genauso robuste Ausstrahlung gehabt haben muß. Bei zahlreichen Festumzügen verkörperte sie, erhaben auf einem Wagen thronend, die Bamberger Marktfrau schlechthin. Sie starb mit knapp 81 Jahren. Zusammen mit ihrer Vorgängerin und sämtlichen Markthöckn der Stadt ist sie für uns alle unsterblich geworden, als kleines steinernes, trutzigtrotziges Brunnendenkmal auf dem Grünen Markt, vor der Martinskirche.

Jahrelang stand da übrigens auch Katharina Lamprecht, das Martinsweibla. Ein winziges Persönchen, fast verhutzelt, wie dem vorigen Jahrhundert entsprungen. In und auf alten nicht sehr stabilen Kartons brachte sie ihre Ware auf den Markt mit einem Fahrrad von musealer Qualität. Umständlich nestelte sie mit ihren kleinen zerfurchten Händen, mit ihren erdigen Fingern ihre Auslage zurecht. Und ich habe bei ihr die ersten Palmkätzchen und später dann Maiglöckchen gekauft. Von Jahr zu Jahr verschrumpelte sie mehr, so wie auch die spärliche Handvoll Äpfel, die sie hin und wieder feilzubieten versuchte. Ob sie denn überhaupt wußte, daß nebenan EU-genormte pralle Golden Delicious und Granny Smith die Kunden lockten? Sie stand da, fleischgewordenes Denkmal mit weitem Rock aus altem dicken Stoff, darüber eine Schürze, die wohl ehemals weiß gewesen sein mußte. Eine ähnliche Patina überzog auch ihr wettergegerbtes, faltiges Gesicht. Ein kleines knurpseliges Gesicht mit wohligen Pausbacken und einer Knubbelnase. Unweigerlich kam mir stets bei ihrem Anblick das Apfelweibla von E.T.A. Hoffmann in den Sinn – in Gestalt des schönen bronzenen Türknaufs, wie er noch immer am Hauseingang zur Eisgrube 14 zu bewundern ist…

Nun fällt Morgenlicht durch die Altstadt auf das Kopfsteinpflaster, es riecht nach unbeschwertem Vormittag, Bamberg wacht auf, blinzelt, räkelt sich der Sonne entgegen. Ich auch.

Jetzt aber endlich:
Auf zum Markt, zum Grünen Markt!

Bei der Wahl meines Marktstandes bin ich parteiisch. Ich gehe immer zum selben Obst- und Gemüsehändler. Nicht etwa, weil die Konkurrenten ungleich schlechtere Ware feilbieten würden, sondern weil die Marktfrau den gleichen Vornamen trägt wie ich. Und das verbindet. Unsere spezielle Freundschaft fing an irgendeinem heiß flirrenden Sommernachmittag an, als ich auf dem Nachhauseweg noch ein paar Früchte einkaufen wollte. Plötzlich rief es unter einem rot-weißgestreiften Marktschirm:

„Alle, die Heike heißen, dürfen sich eine Handvoll Kirschen greifen!"

Nix wie hin!

Es war der Ehemann meiner zukünftigen Marktfreundin, der hier offenbar eine neue Idee des Direkt-Marketing ausprobieren wollte.

Auf die Kontrolle meines Personalausweises hat er verzichtet, mir aber statt dessen eine dieser wunderbar an Kindheit erinnernden braunen spitzen Papiertüten gefüllt. Glänzendes Dunkelrot, sinnlich, sündig – Kirschen aus dem fränkischen Seenland, weit entfernt von der Standardware einer Obstabteilung im Supermarkt.

Seitdem ist hier an meinem Marktstand etwas am Entstehen, was in der Industrie *life-time contract* oder lebenslange Lieferbeziehung genannt wird.

Jeder Besuch ist spannend; je nach Saison gibt es fast schon vergessenes urfränkisches Gemüse wie Portulak und Pastinaken, Steckrüben oder *Stazinäri* – wie die Schwarzwurzeln im Bamberger Dialekt heißen. Statt der öden bleichgesichtigen Holland-

Tomate lachen mich mundgerechte feuerrote Früchte an Rispen an – wie gemalt:

„*Moogst amol?* Die sind zwar *a wengla* teurer, aber *fei fränngisch.* Probier halt“, fordert mich Heike auf.

„Gern“, sage ich, die andere Heike jenseits der Theke, schon die Hand nach der Leckerei ausstreckend. „Aber verrat mir, welche Sorte das ist.“

„Des is’ die *desdi.*“

„??? Wie bitte? Nie gehört. Na, egal.“

Im Bezahlen fällt bei mir buchstäblich der Groschen: Logisch, die fränkische Aussprache der englischen Bezeichnung *tasty;* das heißt soviel wie vollmundig, geschmackig – und fränkisch noch dazu!

Viel einfacher wird es, wenn es zwischen Mitte April und Johanni (24. Juni) um das fränkische Edelgemüse schlechthin geht – Spargel. Er liebt die luftig-leichten Sandböden rund um den Main und die Regnitz und das sandige Ackerland zwischen Bamberg, Hirschhaid und Forchheim. Die Auswahl ist denkbar einfach: entweder grün oder weiß, oder einfach nach herkömmlichen Güteklassen getrennt. Es schmeckt jede Variante – und wie!

Ich wollte mindestens zwei Pfund kaufen:

Eines davon sollte ganz klassisch zubereitet werden, allerdings mit einem kleinen Bamberger Touch. Als Beilage würde es statt gekochtem Schinken den hauchdünn geschnittenen *Zwetschgenbaames* geben. Das luftgetrocknete Rindfleisch nach Art der italienischen Bresaola oder des schweizerischen Bündnerfleischs paßt doch viel besser als diese brutale fränkische Cross-over-Variante mit Bratwürsten.

Aus dem zweiten Pfund wollte ich einen Spargelsalat machen; zunächst auch recht oberfränkisch mit Essig und Öl, kleingewürfeltem hartgekochten Ei und Zwiebelchen. Das Topping aber sollte mediterran verführerisch sein: Erdbeerscheiben in Balsamico mariniert.

Während ich im Geiste über diese Spargelkreationen meditierte, hatte offenbar auch meine Marktfreundin ihre philosophische Stunde:

„*Unn? Wie lebbst na Du so mit Dein Nooma?*“, fragte sie.

Wie ich mit meinem Namen lebe? Darüber hatte ich, ehrlich gesagt, bis zu diesem Markteinkauf noch nie nachgedacht.

Instinktiv griff ich in meinen Korb, wo zwei kleine Döschen Prosecco als Geschenk für eine Freundin vorgesehen lagen. Eins davon drückte ich der Markt-Heike in die Hand und meinte nur:

„Ganz einfach: Ich trink' ihn mir schön. Mach' doch einfach das gleiche.“

Sie guckte mich erst etwas ungläubig an, schaute verdutzt:

„*Na, ich waaß ned…*“

Aber dann nickte sie zustimmend und hangelte das Prosecco-Döschen zu sich heran:

„*Hosd fei rechd.*“

Indem sie das Getränk schnell sicherstellte, konnte ich meine Spargelorder loswerden, gratis gab es ein bißchen Spargelbruch extra und ein Bund Petersilie dazu. Im Gegenzug ließ ich mir noch ein Kilo neue Kartoffeln abwiegen. Goldstücke, nach Glück und Erde duftend.

Da fiel mir ein, daß ich längst eine neue Gemüsebürste hätte kaufen wollen. Da mein Weg mich sowieso Richtung Schönleinsplatz führen sollte, lag nichts näher als der Bürsten Nickles. Klar, in der Haushaltsabteilung beim *Häddie* (für mich ist jedenfalls die Bamberger Karstadt-Filiale immer noch der einstige Hertie, und das wird sich auch bis zu meinem Lebensende nicht ändern) hätte ich mir das Teil schnell besorgen können. Aber auf ein bißchen Nostalgie inmitten des samstäglichen Einkaufsrummels wollte ich nicht verzichten.

Ganz versteckt, am Rand von Schillerplatz und Zinkenwörth, eingekesselt von zwei Hotels, dem Ibis und dem Bamberger Hof, schmiegt sich um eine Ecke eine Schaufensterreihe – so, wie sie wohl schon vor 50 Jahren ausgesehen hat. Die Auslagen sind mindestens ebenso lange schon konstant: beständig und bodenständig: Putzeimer und Wischmopp, Bohnerwachs und Tanzglätte – alles in antiquiertem Design, das liebevoll die Zeit anhält.

Als ich eintrete, umfängt mich ein Geruch, den man für alle Zeiten konservieren möchte: eine Mischung aus Scheuermittel, Echt Kölnisch Wasser, Mottenkugeln und Kernseife.

Zwischen Flaschenbürsten, Kohlenschaufeln, Kehrblechen, Handfegern und Besen aller Art blitzt ein Kleidungsstück aus längst vergessenen Tagen: die *Kittelschürz*. Darüber ein freundlich lächelndes, gutmütiges Gesicht:

„*Wosbraungmädännawengala*?“ fragt es mich.

Frei übersetzt: „Was darf's denn sein?“ und wörtlich: „Was brauchen wir denn ein bißchen?“

Nachdem diese erste sprachliche Hürde genommen ist, bringe ich vorsichtig, ganz vorsichtig, meinen Wunsch vor.

„Haben Sie… haben Sie Gemüsebürsten?“ – allein meine Frage ist, so merke ich schnell, angesichts der unzähligen Bürsten- und Borstenvarianten völlig fehl am Platze.

„Ja, freilich – wie viele hätten Sie denn gern?“

„Ja… hm… eigentlich nur eine.“

„Für was brauchen Sie die *Börschddn* denn? Für Pilze? Für gelbe Rüben? Zum Kartoffelschrubben?“

Gott sei Dank! Ich bin erlöst!

„Ja – für die Kartoffeln.“ Aber schnell besinne ich mich eines besseren und zeige auch noch auf das zarte pinselähnliche Gebilde für das behutsame Abputzen von Champignons, die zwar nicht heute, aber doch gewiß bald wieder auf meinem Speiseplan stehen werden.

Beide Bürsten liegen gut in der Hand, als wären sie für mich maßgefertigt. Der Griff aus Holz, wie selbstgemacht, frisch aus der Werkstatt, die goldenen Borsten gleichmäßig, festsitzend, robust und dennoch geschmeidig und biegsam.

Ästhetik pur.

„Darf's noch etwas sein? Was zum Saubermachen vielleicht?“

Wie gut, daß diese Nachfrage kommt! Denn in der Tat ist mir daheim ein Reinigungsmittel ausgegangen, das ich bislang nur beim Bürsten Nickles entdeckt habe: der unschlagbare Bistro-Reiniger, der wie kein zweiter in Nullkommanix den öligsten

Grill, den verschmiertesten Dunstabzug und den klebrigsten Friteusen-Einsatz vom Fett befreit. Schleichwerbung hin oder her, aber das mußte jetzt mal gesagt werden.

Mit meinen zwei Bürsten und einem 5-Liter-Kanister des Wunderreinigers verlasse ich zufrieden den Laden.

Dank Bürsten Nickles wird meine Küche wieder in neuem Glanz erstrahlen.

Ich bin seltsam beschwingt, aber ich bin auch ein bißchen traurig, weiß ich doch, daß solche Läden aus der guten alten Zeit irgendwann aussterben werden.

Die Stadt wird Trauer tragen, wenn es eines Tages den Bürsten Nickles nicht mehr gibt.

Jetzt aber schnell zum *Zwetschgenbames*! Auf in meine Metzgerei. Aber was sag' ich da? Eigentlich ist es überhaupt nicht meine Metzgerei, sondern ein sehr unsicheres Terrain für mich, denn normalerweise ist *mei Moo* für die Beschaffung alles Fleischlichen zuständig. Er hat sehr schnell erkannt, daß es von strategischem Vorteil ist, sich als Mann mit kompetenten Metzgereifachverkäuferinnen anzufreunden.

Heute aber ging es nicht anders: Es gab einen triftigen Grund für die Abwesenheit meines Mannes. Und so war ausnahmsweise ich heute für die Fleischbeschau und -beschaffung zuständig.

Der *Zwetschgenbames* wurde dann auch sogleich hauchdünn aufgeschnitten und sah einfach hinreißend aus. Im Geiste dekorierte ich ihn schon auf meiner Spargelplatte. Da fiel mein Blick auf einige andere schöne Stücke Rindfleisch. Noch bevor ich an ein saftiges Filetsteak in der Pfanne denken konnte, schoß eine der Metzgereifreundinnen meines Mannes aus dem Kühlraum auf mich zu. (Wie gut, daß mich der Tresen vor so viel oberfränkischem Temperament schützte – einstweilen.)

„*Wo isna Ihr Moo?*"

„Der liegt krank daheim, der hat eine Grippe."

Großes Wehklagen hob an:

„*Ohjeee, ojee, oh Gooodala…*" – oh mein Gott.

Die anderen Metzgereifachverkäuferinnen eilten herbei und stimmten schnell in das Trauergejaule ein, das dem Geheul einer Schar arabischer Klageweiber in nichts nachstand.

Alle schauten mich erwartungsvoll an. Ich ging zur Tagesordnung über:

„Bitte noch ein schönes Stück Rinderfilet."

Ich weiß nicht warum, aber ich meinte, eine gewisse Gereiztheit in der Reaktion meiner Verkäuferin herauszuspüren. Schnaubend griff sie in die Auslage und holte einen halben Strang Lende hervor, den sie mit ausladendem Schwung auf die Theke vor die Waage knallte.

„Äh… Entschuldigung", versuchte ich ganz devot den Wiegeprozeß zu stoppen. „Ich weiß", sagte ich und blinzelte verschwörerisch, „daß Sie für *mein Moo* immer besonders schöne Stücke frisch aus dem Kühlraum holen."

Kleine Rauchwolken stießen aus den Nüstern meiner Metzgereifachverkäuferin, Blitze zuckten aus ihren gefährlich geweiteten Pupillen auf mich herab, als sie geräuschvoll nach hinten walzte und nach einigen Minuten mit einem wunderbar abgehangenen makellosen Filet zurückkam.

Vor sich hingrummelnd knallte sie es abermals auf die Theke, und wie eine böse Beschwörungsformel murmelnd, raunte sie:

„*Ich waaß ja fei ned, ob des Ihna Ihrm Moo recht is…*"

„*Baßt scho'…*", erwiderte ich – in der Hoffnung, daß das Drama bald ein Ende finden würde.

Weit gefehlt.

„*Also*", ging es von vorn los, „*ich waaß ned, aber Ihr Moo, der nimmt fei immer des Spitzla*", fauchte es hinter der Theke und gefährlich funkelte dabei ein Fleischermesser auf. Fuchtelnd markierte es einen Schnitt am hinteren, dünneren Ende des Filets.

„Okay, okay… dann soll es auch dabei bleiben", lenkte ich sicherheitshalber ein.

Ich beeilte mich, das gute Stück schnell zu verstauen, bevor sich die Damen eines Besseren besannen. Eine unausgesprochene Drohung, mir das leckere Filet wieder abzunehmen, lag in der Luft. Besser, ich trollte mich. Ich glaubte noch, ein allseits süßlich gesäuseltes „Gute Besserung für *Ihrn Moo*" mit auf den Weg zu bekommen, dann war ich auch schon auf dem Heimweg – versorgt mit einer Auswahl der besten Sachen, die Bamberg zu bieten hat.

Aber in der Stadt warteten noch Storaths Pralinen, Minges' Kaffee und Schüllers Bauernbrot auf mich.

Und dann sind da noch die schönen *Gschäffdla* wie das Mohrenhaus, der Feldbaum, die Blume, die Genußwelt und Lebenswert… und… und…

Schön sind diese Läden, gefährlich schön…

Ich nahm mir vor, unbedingt etwas von meinem Taschengeld zu sparen, um bald wieder *nei der Stadt* zu gehen.

So freute ich mich schon auf meinen nächsten Einkauf – ich war mir sicher:

Es würde wieder ein Erlebnis werden.

Es würden wieder neue Freundschaften zwischen Marktständen, Verkaufstresen und Frischetheken entstehen.

Und genauso ist es gekommen.

Torbogen zum Glück

Unterschlupf am Alten Rathaus

Erst nur einer.

Ein ganz kleiner. Dann noch einer. Und noch einer. Dann ein ganz großer. Und dann geht es los, und zwar so richtig. Mit ganz dicken Tropfen.

Es regnet.

Es regnet so heftig, daß ich ohne Schirm schnell völlig durchnäßt sein werde. Vom Obstmarkt aus flitze ich auf die Obere Brücke, vorbei an der triefenden Kreuzigungsgruppe, deren steinerne Gewänder längst schwer und grau vor Nässe sind.

Nur schnell zum rettenden Alten Rathaus. Hier, so beschließe ich, werde ich mich unterstellen, um abzuwarten, bis der Guß vorüber ist.

Geschafft!

Zum Glück der Torbogen!

Er empfängt mich freundlich – komm' doch rein, stell Dich unter!

Ich bin ganz allein hier. Wo sonst Touristengedränge herrscht, wo Straßenmusikanten und übende Kammermusiker gern ihre Töne ins Torgewölbe schicken, wo hin und wieder ein Bettler sein Glück bei den Besucherscharen versucht – Leere. Nur die Erinnerung an Claus Schenk Graf von Stauffenberg teilt mit mir den Raum, dank der kleinen Gedenktafel hinter mir, gestiftet vom 17. Reiterregiment, seinem einstigen Arbeitgeber hier in Bamberg…

Über mir am Torbogen zwei mächtige Rokoko-Balkone mit noch mächtigeren Wappen: Auf dem einen hält der Stadtritter Georg schützend sein Schild über mich, über das Rathaus und über die Stadt sowieso. Wenn er nichts anderes zu tun hat, schaut er als weltliches Symbol hoch zum Domberg. Umgekehrt geht es weniger spektakulär zu; nur ein sprödes Emblem erinnert an einen früheren Fürstbischof mit unglaublichem Namen: Franz Konrad Graf von Stadion und Thannhausen hätte sich gewiß gern selbst an der Aussicht ins weltliche Bamberg ergötzt. Deutungen zu diesen Darstellungen gibt es viele; mir gefällt am besten die Interpretation, daß die Kirchenherren sich durch eine profane Darstellung eines weltlichen Kriegers mußten ärgern lassen und die Bürger an die Allmacht des Dombergs erinnert werden sollten…

Draußen zerplatzen die Regentropfen auf dem Kopfsteinpflaster. Wie frisch lackiert sieht nun die Brücke aus, glänzend im satten Schimmer. Und auf der Regnitz spielt der Wolkenbruch mit den gekräuselten Wellen, es rauscht und schüttet düster. Wie gut, daß ich hier im Trockenen stehe, während ich an allen Seiten von Fluten umgeben bin.

Dabei haben wir dem Wasser das Alte Rathaus zu verdanken. Ohne den Fluß wäre es wohl nie an dieser Stelle entstanden. Ich erinnere mich an die Sage, als im 13. Jahrhundert Bambergs Bürger beim Bischof um ein Stück Land für ein Bürgerhaus nachsuchten. Als er sich unnachgiebig zeigte, haben sie wohl geschickt eine Art künstliche Insel mit Eichenpfählen geschaffen. Hart wie Stahl sollen sie unter Wasser – also unter Luftabschluß und zusätzlicher Sauerstoffzufuhr – geworden sein. Eine gute Voraussetzung, um dann die bereits bestehende Brückenanlage zu ergänzen, eine Art Langhaus darauf zu stellen, und schließlich noch ein kleines Fachwerkgebäude – das Rottmeisterhäuschen – anzuhängen. Darin wohnte, wie konnte es anders sein, der Rottmeister. Er war so etwas Ähnliches wie der damalige Polizeipräsident und hatte die Rotte – wehrhafte Bürger und Landsknechte – unter sich. Das alles passierte in den Jahren nach 1386: Was für eine spannende Zeit.

Ob es damals auch schon so gegossen hat wie heute? Irgendein Historiker hat mir erzählt, daß es um diese Zeit nicht viel anders war als heute. Klima-Extreme gehörten auch im Mittelalter zum Alltag. Und es muß damals mindestens genauso geprasselt haben wie jetzt, denn es gab am Main so heftige Hochwasser, daß sogar die ersten Stufen des Würzburger Domes umspült gewesen sein sollen. Wie gut, daß der Bamberger Dom hoch über der Stadt auf dem Domplatz wacht, denke ich. Man kann ja nie wissen…

Wind kommt auf und treibt Regenschwaden durch den Torbogen in den Bauch des Alten Rathauses. Ich luge trotzdem vorsichtig um die Ecke. In dichten Nebelschleiern liegt da hinten das alte Schlachthaus. Der steinerne Bulle an seiner Fassade muß es hinnehmen, daß er naß und nässer wird. Sein träger Blick in Richtung Kapuzinerstraße sucht nach Schutz und findet keinen. Auf der anderen Seite der Brücke trauern im Grau die prächtigen alten Gerberhäuser. Der Regen hat ihre Fassaden ausgewaschen. Sie wirken seltsam geheimnisvoll und wie durch eine unscharfe Traumlinse blicke ich in die offenen Galerien und Laubengänge. Aber heute hätten sie keinen Schutz für die zum Trocknen aufgehängten Tierhäute geboten. Und noch weiter hinten sehe ich die Unteren und Oberen Mühlen, wie sie sich in der Regengischt aneinanderkuscheln. Wolkenfetzen jagen über sie hinweg. Der Himmel über ihnen ist dramatisch schwarz. So muß wohl früher auch das Flußwasser, nicht nur bei Unwetter, ausgesehen haben: übriggebliebenes Rindengehäcksel aus der Lohmühle, der Dreck der Gerber und schließlich die Schlachtabfälle. – Die Regnitz muß ein echter Pfuhl gewesen sein…

Eine junge Frau stürzt stolpernd auf mich zu. Auch sie ohne Schirm.

Zum Glück der Torbogen!

Völlig aufgeweicht schüttelt sie ihr lockiges blondes Haar, dem ein wilder Tropfentanz entspringt. Von der Anstrengung hat sie rot schimmernde Wangen, fast engelsgleich. Ob sie wohl verwandt ist mit der kleinen pausbäckigen Putte, die vorwitzig unter einem Fenster ein nacktes Beinchen herausstreckt? Wie echt sieht es aus. Keck hält das kleine Geschöpf eine Palette mit bunten Farbklecksen in seiner Hand. Fast so, als spotte es über die restlichen Fassadengemälde des Johann Anwander. Allen Grund hätte das Engelskindchen ja, schließlich darf der Babyspeck an der kleinen strammen Wade dreidimensional sein.

Zum Reinbeißen süß!

Ich stelle mir die Zeit um 1755 vor, als die Illusionsmalerei des Barock auf ihrem Höhepunkt angekommen war: Welch eine Arbeit muß es gemacht haben, beide Seiten des Alten Rathauses vollständig mit architektonischen Motiven zu bemalen. Und dann noch dazu in einer Technik, die all die Säulen, Steinbögen und Kapitelle wie echt aussehen läßt. Auf die Gefahr hin, daß ich nun doch noch eine Regenhusche abkriege, schaue ich ganz kurz genauer hin: Zwischen den Säulen einerseits die Sinnbilder der vier Elemente, andererseits der vier Jahreszeiten. Ob Herr Anwander dem Bischof und der Geistlichkeit sowie den Bürgern jeweils einen Spiegel vorhalten wollte? Herrn Anwander will ich am liebsten selbst fragen, ob er es so gemeint hat. Und wie er zudem die Herausforderung angegangen ist, alle Farben *al fresco* aufzutragen, also pure Pigmente direkt in den frischen Putz hinein. Bestimmt mußte er sich dazu ganz schön verrenken, teilweise über Kopf arbeiten, auf irgendwelchen Gerüsten über der Regnitz schwebend. Nix High-Tech, sondern abenteuerliche und gefährliche Handwerkskunst.

Aber nicht nur ich finde, daß sich die Mühen damals gelohnt haben, auch wenn die Malereien im Laufe der Zeit dreimal ein Facelift erfahren haben. Doch heute liegt es bestimmt nicht nur an dieser einzigartigen Maltechnik, daß die Farben solch eine Leuchtkraft besitzen. Der Regen mit seinem Grauschleier tut sein übriges dazu. Er verstärkt den räumlichen Eindruck um ein Vielfaches. In diesem tristen Licht strahlen nämlich Marmorrosa und Ockergelb noch intensiver, plastischer – zum Greifen nah.

Ganz in diesem Sinne hat sich der Anwander noch einen weiteren figürlichen Gag einfallen lassen: Hoch oben zieht er über eines der sechssprossigen Fenster einen steinernen Vorhang. Doch auch vor dem macht der Wolkenbruch nicht halt. Der Gardinensamt aus Putz und Farbe ist schwer und muffig. Aber trotzdem – ich finde, er sieht im Regenschauer schaurig-schön aus.

Auch der Kaschmir-Pullover der Frau neben mir ist naß geworden. Sie zupft an den feuchten Bündchen herum und zieht schließlich die Ärmel nach vorn. So weit, daß ihre zierlichen Hände davon fast bedeckt sind. Dann schlingt sie ihre Arme um sich. Ihr fröstelt. Sie wartet wie ich darauf, daß der Starkregen endlich nachläßt. Er aber hämmert unvermindert weiter.

Das Museum im Alten Rathaus hat leider schon geschlossen, sonst hätte ich mich längst dazu entschieden, die Regenzwangspause dazu zu nutzen, wieder einmal die opulente Porzellanausstellung der Sammlung Ludwig anzuschauen. Ich hätte nicht nur schwelgen können in den Meisterstücken der guten alten Meißener Manufaktur, sondern auch in üppigen Fayencen des Barock, in ausladendem Tischschmuck wie Goldchinesen, indianische Blumen und porzellanene Forellen. Dazu ein gigantischer Truthahn, der eigentlich als Terrine diente, Zimmerspringbrunnen und… war da nicht auch ein reichlich verschnörkelter *Poddschambä* – so heißt der gute alte Nachtopf im Bamberger Dialekt, das edle *pot de chambre* ganz unbefangen nachahmend.

Da merke ich etwas. Die heftige Dauerberieselung von oben hat ein gewisses, untrügerliche Gefühl noch verstärkt. Ich muß mal. Aber es hilft nichts. Will ich nicht doch noch richtig naß werden, muß ich mich im *Zammzwiggn* üben und habe mich wohl oder übel *noch a wengla* zu gedulden.

Der wartenden Frau neben mir geht es nicht anders. Sie knetet ihre feuchte blonde Haarpracht. Dann schaut sie auf die Uhr. Greift wieder in die

Locken, kaut auf der Unterlippe und schaut abermals auf die Uhr.

Als hätten wir uns verabredet, wandert unser Blick wieder aus dem Torbogen heraus, um die Ecke des Rathauses und heftet sich an der Fensterreihe des Rokokosaals fest. Ich erinnere mich an eine Tagung dort, zwischen überbordenden Gemälden und einem alten Wandkamin, der wie ein Stück Buttercremetorte aussieht, unter Stuck und Prunk und einem gigantischen Kronleuchter. Damals hatte ich fast ein wenig Angst, daß er, durch eine Erschütterung gelockert, auf den edlen Parkettboden hätte fallen können. Doch Bamberg ist reichlich erdbebensicher, und die alte Straßenbahn, die immerhin zweispurig zwischen 1897 und 1922 durch den Torbogen über die Obere Brücke ratterte, gibt es auch nicht mehr. In Form von Fußgängerzone und Durchfahrverbot hat die Neuzeit Einzug am Alten Rathaus gehalten.

Halt! Nicht ganz, denn im gesamten Rokokosaal gibt es keine einzige Steckdose. In Bamberg braucht es halt immer ein bißchen länger, bis sich die Zeiten ändern. Aber bisweilen knistert es dort gewaltig und Funken schlagen. Und zwar immer dann, wenn hier geheiratet wird. Aus der Traumstadt Bamberg wird dann die Traustadt Bamberg. Romantik pur. – Ich kann es verstehen.

478 Paare heirateten hier im vergangenen Jahr, die zweithöchste Eheschließungs-Quote in den vergangenen zehn Jahren der Stadtchronik. Und das noch dazu entgegen dem bundesweiten rückläufigen Trend. Bamberg – eine Stadt der Liebe, sie

verführt zum Jawort. Kitschige Gondelfahrten, ein hinreißendes Brautmodenatelier in alten Gewölben, der farbenprächtige Rosengarten mit seinem Sahnehäubchen-Pavillon, schnuckelige Zimmer und Hochzeitssuiten in lauschigen Hotels… fast entfährt mir ein sehnsüchtiger Seufzer.
Da rennt ein junger Mann die Obere Brücke hoch. Auf den regennassen Pflastern wäre er beinahe ausgerutscht.

Zum Glück der Torbogen!

Krampfhaft hält er irgendetwas unter seiner triefenden Jacke verborgen. Die Kapuze des Anoraks tief ins Gesicht gezogen, eckt er fast mit der Mauer an. Da endlich sieht er die wartende Blonde. Sagt er etwas zu ihr? Ich kann es nicht hören. Und ich traue mich auch nicht zu lauschen.
Er beugt sich zu ihr herunter. Ihre Gesichtszüge heitern sich auf, werden ganz weich. Bevor sich die beiden in die Arme fallen, nestelt er umständlich einen Strauß roter Rosen aus dem feuchten Ärmel.

Kurzes Innehalten.

Fragende Augen.

Sie nickt. Sie nickt nochmals.

Dann ein langer Kuß.

Im Torbogen zum Glück.

Zaghaft zeigt sich eine orangegoldene Abendsonne oben hinterm Dom.

Es hat aufgehört zu regnen.

Ohne Rezept und Krankenschein

Der Doktor vom Domberg

Wenn Dr. Ludwig Schick von der zweiten Etage des Hauses Nummer 5 in der Oberen Karolinenstraße in die erste geht, dann macht er sich auf den Weg zur Arbeit.

Ludwig Schick ist Doktor, aber er ist kein Arzt.

Er ist Doktor der Theologie.

Und er ist Erzbischof von Bamberg.

Manchmal, gesteht er lächelnd, manchmal komme ich mir aber tatsächlich vor wie ein Arzt. Ich höre zu, versuche zu verstehen, wo der Schmerz herkommt und hoffe, helfen zu können. Bestenfalls gelingt es sogar, Seelenheil zu verschaffen.

Das klingt fast ein bißchen so, als wäre ein Mediziner am Werk. Oder ein Psychotherapeut. Ein Wartezimmer und ein Besprechungszimmer, so wie sie im Bischofspalais zu finden sind, mögen diesen Eindruck verstärken.

So wie ein Arzt, so beherrscht Ludwig Schick Latein. Und zwar fließend. Als junger Student in Rom hatte er die sogenannte tote Sprache zum Leben erwecken müssen, denn die Disputation – die mündliche Prüfung zur Verteidigung seiner Doktorarbeit – fand ausschließlich in Latein statt. Und spätestens jetzt ist jeder, der sich einmal herumgeplagt hat mit langwierigen schriftlichen Übersetzungen, mit schwierigen Deklinationen, mit Grammatik-Schikanen wie Akkusativus cum infinitivo, Gerundium versus Gerundivum – spätestens jetzt ist jeder überrascht und voller Respekt.

Zum Latein gesellen sich dann weitere Sprachen: Italienisch – schon allein wegen der geographischen Zuordnung von Vatikan und Papst und der Päpstlichen Universität Gregoriana. Französisch, Spanisch und Deutsch. Mit Französisch, und das will man gar nicht so recht glauben, habe er seine liebe Not. Aber Deutsch, so sagt Dr. Ludwig Schick von sich selbst, spreche er eigentlich ganz gut.

Noch besser spricht er aber *Mensch*, die Sprache des Volkes. Keine verschrobenen Redewendungen, kein salbungsvolles Pfarrerisch, keine klerikale Abgehobenheit. Auf dem Boden bleiben, heißt seine Devise, dabei Ehrfurcht vor den Menschen, vor der Kirche und Gott, aber bitte schön kein Kadaver-Gehorsam.

Wir grenzen uns zu oft voneinander ab, sagt er, anstatt auf einanderzuzugehen. Genau aber das müssen wir tun!

So etwas kann nur jemand sagen, der die Menschen liebt.

Der alle Menschen liebt.

Und so hat Dr. Schick auch anläßlich seines 60. Geburtstages eine Stiftung ins Leben gerufen, die sich dem „Brot für alle Menschen“ verschrieben hat. Das klingt zunächst wie eines der vielen üblichen Programme, die von den Kirchen ausgerufen werden, um die Not in der Welt zu lindern. Vor allem in der Dritten. Ja, in der Tat engagiert sich Dr. Schick hier besonders und reist vor allem immer wieder nach Westafrika. Seine Ziele sind dann hauptsächlich der Senegal und Gambia, um mit Brot für eben alle Menschen zu helfen.

Aber stop – sein Motto lebt er auch in Bamberg und für Bamberg. Und das läßt sich im wahrsten Sinne des Wortes sehen: auf großen Plakatwänden, wo sonst für glücklichmachende Zigaretten oder unblöde Hi-Fi-Produkte geworben wird. Auf den Plaketen wirbt Dr. Schick für *Integra Mensch* – er trägt ein T-Shirt mit einem fetten roten Herz und nimmt sich einem behinderten jungen Mann an seiner Seite an. Menschen mit Handicap sollen wieder in normale Arbeitsabläufe hineinkommen – so lautet die Mission. Ludwig Schick ist hier wieder ganz Doktor der Seelsorge, wobei für ihn das Projekt keine Einbahnstraße ist. Seine Auffassung:

Wer sich um Menschen mit Behinderung kümmert, wer ihnen Aufmerksamkeit schenkt, der wird selbst beschenkt. Aber *fei Obacht*! Dr. Schick fordert ein, daß dieses Sich-Kümmern echt, ehrlich und sensibel sein muß, also von Herzen kommen soll, so wie sein T-Shirt auf dem Plakat symbolisiert.

Dabei ist er nicht allein – mit von der Partie sind die Stadt Bamberg und der Landkreis. Während früher im Mittelalter ein Hauen und Stechen um die Macht in der Stadt herrschte, ringen nun weltliche und geistliche Kräfte, Oberbürgermeister, Landrat und Erzbischof gemeinsam um das Wohl ihrer Bürger. Klingt das zu pathetisch? Mag sein, ist es aber nicht. Denn die Kampagne für *Integra Mensch* kommt so authentisch, so logisch und so natürlich daher, daß kein Zweifel an der Absicht und erst recht nicht am Erfolg übrigbleibt.

Die Verbindung von Dom und Stadt – für Dr. Schick ist dies das eigentliche Erfolgsrezept für Bamberg. Bestes Beispiel sind die Touristen: Zehn von zehn Bamberg-Besuchern besuchen auch den Dom! Das freut jeden Erzbischof! Eine solche Quote kann außerdem keine andere Sehenswürdigkeit in Bamberg vorweisen. Für Dr. Schick ist sie Anlaß genug, die Touristen als Pilger zu sehen.

Das gefällt mir. Spätestens seit Hape Kerkelings Versuch, sich auf dem Jakobsweg die innere Einkehr und Nähe zu Gott zu erwandern, haben Pilger überhaupt nichts Antiquiertes oder Verstaubtes mehr an sich. Die Wallfahrten von heute sind Wellness für die Seele, die es rezeptfrei von oben gibt.

Dr. Schick wünscht sich, daß der Dom den Touristen etwas mitgeben kann. Touristen würden schließlich nie nur etwas *be*suchen, sondern immer auch etwas *suchen* – sei es das Neue, das Andere, das Unbekannte. Und hier komme der Dom ins Spiel. Von ihm könnten die Touristen nicht nur schöne Eindrücke und den Hauch der Geschichte mitnehmen, sondern auch Ethik und Moral – und vor allem Gottvertrauen.

Insgeheim, so ergänze ich, sollte das auch für alle Bamberger gelten. Warum nicht also ab und zu den Alltag verlassen und genauso wie ein Pilger den steilen Berg, die Treppen hinauf zum Dom steigen?

Übrigens, fährt Dr. Schick fort, wenn nicht hier, wo dann haben Wallfahrten einen tieferen Sinn? Franken ist *das* Land der Wallfahrer schlechthin. Und dann fällt auch mir ganz automatisch eine längst vergessen geglaubte Strophe des Frankenliedes von Victor von Scheffel ein:

Wallfahrer ziehen durch das Tal
mit fliegenden Standarten.
Hell grüßt ihr doppelter Choral
den weiten Gottesgarten.

Vor meinem inneren Auge ziehen längst verblichene Bilder auf. In den frühen Morgenstunden ziehen singend, betend und wandernd andächtige Menschen durch die erwachende Natur – ein Ziel vor Augen, das es trotz selbst auferlegter Mühen unbedingt zu erreichen gilt. Unterwegs in der Gewißheit, daß dieses Ziel ihnen eines verspricht: Heilung.

Daß Wallfahrten nicht nur mit Entbehrungen zu tun haben, fällt mir Gott sei Dank auch ein. Es waren vor allem die vielen fröhlichen Gesichter der Wallfahrer, die mir bei manch einem Treffen während einer Wanderung im Geiste hängengeblieben sind. Und als könnte Dr. Schick meine Gedanken lesen, schlägt er vor: Warum nicht einfach öfter im Sinne des Heiligen Veit unterwegs sein? Ich weiß nicht, ob er damit auf einen im Frankenlied besungenen Eremiten anspielt. Der hat nämlich Mitte des 19. Jahrhunderts oben auf dem Staffelberg in seiner Einsiedelei gelebt, ohne den schönen Seiten des Lebens abzuschwören, wie z.B. einer guten Flasche Wein oder dem Anblick einer hübschen Erntehelferin…

Ludwig Schick ist Doktor mit einem außergewöhnlichen Dienstplan. Er ist immer auf Bereitschaft – Gott nimmt sich schließlich auch keine Auszeit. Sein Tagesablauf läßt kaum Zeit für Erholung. Aber mit entsprechender Disziplin und Freude hat er sich frühmorgens ab fünf Uhr ein Trainingsprogramm zurechtgeschneidert. Wer ebenfalls Frühaufsteher ist und sich fürs Laufen begeistert, der kann ihm schon mal beim Joggen begegnen. In der Vergangenheit gab es mehr Zeit für Sport, vor allem für Fußball. Bei den Bayerischen Klerusmeisterschaften wurde er im Jahr des Bistumsjubiläums 2007 sogar als Ehrenspieler aufgestellt – mit eigenem Trikot und Mannschaftsnummer, versteht sich.

Läßt es sein Terminkalender zu, dann hat Dr. Schick einen ganz unspektakulären Feierabend. Wie andernorts unter Bambergs Dächern gibt es um 19:00 Uhr Nachrichten, und weil das Fernsehprogramm im Anschluß nicht allzuviel Gutes bietet, dann lieber ein gutes Buch.

Bestimmt steht Hochgeistiges auf dem Leseplan eines Erzbischofs?

Ach nein, hauptsächlich einfach nur schöne Literatur, so die Antwort. Goethe und Dürrenmatt lese er ganz gern, und beeindrucken würden ihn auch die Werke ganz junger Schriftsteller, so wie Daniel Kehlmanns *Die Vermessung der Welt*.

Das finde ich spannend: Jemand, der sich mit dem Höchsten, Unfaßbaren, Unsichtbaren befaßt, ist fasziniert von der Möglichkeit, das Universum festen Maßeinheiten zu unterwerfen.

Aber manchmal geht es auch etwas prosaischer zu. Einmal traf ich Dr. Schick im Flieger von Berlin nach Nürnberg, da las er – wie viele Fluggäste vor oder hinter ihm – ein einfaches Buch, einen ganz normalen Krimi.

Doch halt! So einfach auch wieder nicht. Der Titel des Buches hieß *Absolution* und die Handlung spielte im Vatikan…

Apropos Flieger und Verreisen: Urlaub gibt es kaum für einen Erzbischof, wenn überhaupt, dann sind es kurze Auszeiten.

Wenn andere in die Ferien fahren, dann begibt sich Dr. Schick für ein paar Tage zur Erholung in ein Kloster. Besonders schön findet er daran, daß es da ziemlich still sei. Und schwimmen könne er da, das genieße er. Bleibt er in Bamberg, so wandert er gern zu seinem Lieblingsort, dem Michelsberg. Von dort aus den Blick ins weite Land schweifen zu lassen, bis hin zur Giechburg, zum Gügel, das tut schon sehr gut, sagt er. Und sei zudem eine der besten Möglichkeiten, für Leib und Seele gleichzeitig etwas zu tun.

Ob sein Beruf nicht ziemlich anstrengend und kompliziert sei?

Sein Beruf als Erzbischof sei nicht schwieriger als andere Berufe auch, so Dr. Schick. Es gebe gute Tage und leider manchmal auch weniger gute Tage. So, wie sie jeder eben hat.

Ob er nicht auch den Eindruck habe, es gehe trotz unserer heilen Welt in Bamberg mit unserer Gesellschaft völlig bergab? Werte und Tugenden, wie sie zum Beispiel die Kirche zu vermitteln versucht, wären doch vor allem in der jüngeren Generation völlig uncool.

Ach, sagt Dr. Schick ganz gelassen, so negativ sollten Sie nicht denken. Ich beobachte so viel Positives und Hoffnungsvolles.

Schade, denke ich neidisch, daß ich nicht durch seine Augen sehen kann.

Ob es nicht furchtbar lästig sei, immer und immer wieder zu den Juckepunkten der katholischen Kirche Stellung zu nehmen, zum Zölibat, zur Abtreibung, zum Sakrament der Ehe für Geschiedene, zum Kindesmißbrauch?

Hundert Prozent, so seine schlichte, aber treffende Weisheit, gibt es nie.

Aber auch wenn es manchmal ein Kreuz sei, ein Kreuz – und er zeichnet kaum wahrnehmbar eines mit der Hand in die Luft – ein Kreuz sei trotz aller Last eben immer noch ein Plus.

Ein großes Plus.

Und darauf komme es schließlich an, nicht nur im Beruf, in der Ehe, sondern im ganzen Leben.

Ein Tag wie Schabeso

An der Regnitz

Da steht sie, die alte Glasflasche mit Bügelverschluß. Wie eine Zeitzeugin längst vergangener Tage. Komm, mach mich auf, raunt sie mir zu.

Warum nicht, denke ich, es ist der ideale Moment dafür. Draußen gleißt die Sonne.

Ein erfrischender Schluck wäre jetzt gerade das richtige. Die Babett vom Kaulberg hatte mir vor ein paar Tagen in einem Weidenkörbla vier ihrer Flaschen vorbeigebracht, mit der Bemerkung: *Wennsd fei an rächdn Dorscht hosd.*

Was ist denn da Feines drin, wollte ich wissen.

A Schabeso, ihre vielsagende Antwort.

Das klingt wie nach einer mysteriösen Geheimsprache. Und weil ich so neugierig bin, öffne ich endlich mit einem Fingerschnipp den elfenbeinfarbenen Porzellanverschluß, der mitsamt dem leicht rostigen Metallbügel zur Seite fluppt.

Zzzzzzzsssssssschschschsch.

Die Leichtigkeit des Tages prickelt mir entgegen, verheißungsvolle Aromen von Nachmittagen im späten Mai und der üppig weißen Blüte der Hollersträucher steigen mir in die Nase: Selbstgemachte Holunderblüten-Limonade sprudelt ins Glas – spritzig, witzig, zischend, erfrischend!

Spätestens jetzt weiß ich, was ich zu tun habe.

Ich nehme mein Rad, um an die Regnitz zu fahren. Nichts paßt heute besser zu mir als ein Tag am Wasser.

Vom Pfahlplätzchen aus kommend, durch die Judenstraße, geht es hinab zum Nepomuk. Trotz meiner Sehnsucht nach Abkühlung am Fluß vergesse ich nicht, aus den reichhaltigen Geranienkübeln am Brückengeländer ein kleines Zweiglein zu brechen, um es dem Brückenheiligen zur Ehre in seine steinernen Arme zu legen. Ich bin sicher, er hat mir gerade dankend zugezwinkert und versprochen, stets ein wachsames Auge auf mich und meinen Weg über den Steg zu haben. Durch die kleine Hausschlucht, die sich zwischen den Gebäuden des Studentenwohnheims Obere Mühlen auftut, schlüpfe ich schnell hindurch – endlich zu meiner Rechten den freien Blick auf die Regnitz. Während ich sonst schwelge in Dientzenhofers Architektur des Wasserschlosses Concordia, während ich sonst Zwiesprache halte mit den schweigenden Wasserspeiern, den Drachenköpfen hoch oben am Dach, während ich mir sonst vorstelle, was gerade die Stipendiaten in den gläsernen Ateliers des Künstlerhauses treiben, werfe ich heute all diese Gedanken über Bord, in den Fluß.

Im Winter, wenn die schweigenden kahlen Bäume am Ufer aussehen wie schwarzweiße Tuschezeichnungen, scheint silbriges Lametta in die Kälte des schweren grauen Wassers eingewebt. Jetzt, da der Hochsommer an der Stadt anklopft, schwirren leichte Lurexfäden über dem kaum erkennbaren Grund der Regnitz. Pailetten und hauchdünne Goldäderchen flimmern auf der Wasseroberfläche. Mal hier, mal da verfangen sie sich wie das Haar der Nixen in dünne Schlingpflanzen, die Halt an der steinernen Uferbefestigung gefunden haben. Das Wasser ist nicht blau, nicht seicht, sondern warm und irden, schwer und tief und bronzefarben und trotz seiner zügigen Strömung fast ein bißchen träge. Und dennoch, kaum habe ich kurze Zeit später die Walkmühle passiert, blubbert und rauscht und sprudelt es. Das kleine Wehr wirbelt Kühle ins Naß. Es duftet nach der Tiefe des Flusses, nach der Kraft der Natur, nach der Wucht des Sommers, nach dem Sprühregen der Gischt, nach Perlen der Erfrischung – fast so wie mein Schabeso.

Der Hain tut sein übriges dazu. Das Grün scheint hier grüner als anderswo, vor allem in den frühen Frühlingswochen, wenn sich der Bärlauch über und über den Waldboden zwischen den mächtigen Baumstämmen ergießt. Sein würziger

Duft wird von der Brise, die vom Fluß her kommt, noch reiner und intensiver. Und kündet von so unwiderstehlich leichten Frühlingsgenüssen wie Bärlauch-Suppe, -Pesto und -Gnocci.

Das sanfte Frühlingspastell ist aber längst verschwunden, satte saftige Sommerfarben haben sich breitgemacht, wie der deftige rote Klecks da in der Böschung, der dem T-Shirt eines jungen Mannes gehört. Der sitzt selbstversunken mit einem Buch in der Hand, die Augen aber auf dem beruhigenden Wasser der Regnitz ruhend: ein philosophischer Moment, ein kurzes Innehalten.

Dann dringen frohe Stimmen und sanftes Lachen an mein Ohr. Nein, es ist kein Lärm, nicht das aggressive Gejohle eines außer Kontrolle geratenen Spielplatzes. Es ist der unnachahmliche, lauschige und fast schon einlullende Geräuschteppich, der nur durch bedächtig-heiteres Treiben am Wasser entstehen kann. Dazwischen immer wieder ein pralles Aufplatschen und helle Spritzer – gedämpft durch die Mauer des satten Grüns. Mich zieht es genau da hin. Unter die hohen Bäume, an die alten Holzplanken, die Bohlen, die weit als Liegesteg über das Wasser auf die Regnitz reichen.

Das Hainbad!

Das Hainbad – Synonym für Lebenslust und Genuß am Fluß. Ein Platz zum Entsorgen aller Sorgen, zum Versenken von Seelen-Altlast und Ballast.

Am schönsten ist es in den ganz frühen Morgenstunden, gleich nachdem das Hainbad öffnet. Auf der taufeuchten hölzernen Liegefläche ist es schön kühl, noch liegt sie im Schatten. Ab und zu aber tanzen schon einige Lichtflecken auf dem dunklen Holz. Dort breite ich mein Handtuch aus, lege mich hin, versuche mich an einem sanften Übergang von frühem Morgen in den Tag.

Unter mir gluckst und gluckert es. Die Regnitz räkelt sich in ihrem Bett, streckt sich, atmet und bewegt sich und wacht auf. Erneut Glucksen und Gluckern. Da vertreibt sich die Flußdame ihre Müdigkeit, streift ihr nebelseidiges Negligé ab und läßt sich von den ersten Sonnenstrahlen wachküssen.

Zum Frühstück Champagner?

Nein, es ist ein Tag für Schabeso.

Vor mir tauchen die alten Bilder auf, Schwarzweißfotos von anno dazumal. Aus einer Zeit, in der man noch nicht fränkisches Schabeso aus dem kleinen Ebensfelder Brauhaus, sondern weltmännisches Chabeso trank: die Modelimonade aus der Zeit zwischen den zwei Weltkriegen – der Verkaufsschlager der Mainzer Firma C.H. Boehringer und Sohn, deren Initialen den Namen des Trendgetränks lieferten. Die Frauen trugen damals sexy Badeanzüge mit großen Körbchen und Bein. Und Badekappen, die man auch als Sturmhauben oder Helme hätte verwenden können. Wie ich wohl zu dieser Zeit ausgesehen hätte…?

Etliche Jahrzehnte später, so um 1990, zählte ich zu den privilegierten Besuchern des Hainbads. Ich hatte nämlich eine eigene Kabine, Nummer 127. Sie roch herrlich nach Moder und altem Holz. Zwischen den Spalten der knarrenden Bretterwände tanzten kleine Staubdiamanten auf und ab, wie die schillernden Bläschen in meiner Schabeso-Flasche. Die schräg einfallenden Sonnenstrahlen warfen einen dünnen Schleier aus Spinnweben, Licht und Glück über mich. Den spüre ich noch immer, wenn ich an die Regnitz komme.

Heute bin ich ganz normaler Badegast im Hainbad. Ich strecke mich auf meinem Handtuch, tanke Wärme und sauge den unvergleichlichen Duft von altem warmen Holz, dunklem Fluß und Sonnenöl in mir auf.

Die Zeit steht nicht still, sie gleitet an mir vorüber. Ich will in sie eintauchen.

Dann beschließe ich, genau dies zu tun.

Am südlichen Ende des Stegs führt eine kleine Treppe in den Fluß. Erst zögerlich mit einem Zeh testend, dann vorsichtig hinabsteigend und endlich hingleitend, schwimme ich in flüssigem Gold.

Mir stockt der Atem – das Wasser ist kalt.

Aber nur im ersten Moment.

Dann nimmt die Regnitz mich in sich auf. Ich werde eins mit dem Wasser. Seine Oberfläche ist lichtdurchtränkt und trägt mich wie auf unsichtbaren Händen. Unten ist es geheimnisvoll duster. Ich kann nicht mal meine Füße sehen, geschweige denn den Grund.

Kleine Strudel und dichte Wellen entstehen, wenn ich weit ausholende Schwimmzüge mache – doch die Wogen in den vergangenen Jahren und dem Sommer der Revolution haben sich geglättet, als das Hainbad kurz vor dem Aus stand. Jetzt heißt es offiziell und juristisch korrekt Hainbadestelle, was die anwesenden Fluß- und Sonnenanbeter – und mich sowieso nicht – wenig interessieren dürfte.

Vergessen die hitzigen Auseinandersetzungen um Badeverbot oder Badeerlaubnis.

Vergessen die Diskussion um das angeblich nicht beherrschbare Unfallrisiko beim Bad im Fluß.

Vergessen die Querelen um die Zweifel an einer ausreichenden Wassergüte der Regnitz.

Für mich ist sie in diesem Moment kostbarer und reiner als jedes noch so himmelblaue und vordergründig klare Schwimmbad.

Sie ist Natur, sie ist kein Kunstobjekt.

So schwimme ich flußabwärts, die Regnitz trägt mich auf ihren Händen, auf ihrem linken Flußarm. Ich bin auf Augenhöhe mit der Villa Concordia und einer entgegenkommenden Entenfamilie, deren flauschige Küken mächtig gegen die Strömung anzappeln.

Da erinnere ich mich, wie ich vor etlichen Jahren Zeuge eines gar herrlichen Schabernacks wurde: Eine zweiköpfige Männerselbsterfahrungsgruppe wartete offenkundig viel zu lange auf den Dritten im Bunde. Mit schlechten Ausreden kam er dann endlich mächtig verspätet an und wollte sich auf dem Holzsteg ausruhen.

Nix da, tönte es, jetzt geht es erst mal ins Wasser! Nimm Dir ein Beispiel an uns, wir sind vorhin sogar bis hoch zur Brücke geschwommen.

In echt??

Ja, logisch – was denkst Du denn! Es war super, aber fei echt anstrengend.

Täuschte ich mich, oder hörte ich da einen Unterton von vorgegaukelter Erschöpfung heraus?

Ohne ein Wort zu sagen, glitt der Zuspätkommer geschmeidig ins Wasser und zog seine Bahnen gen Süden. Immer kräftiger, immer weiter stromaufwärts.

Da brummelte es schadenfroh hinter mir: Na, irgendwann wird er doch merken, daß wir ihn verschaukelt haben? Bei dieser heftigen Gegenströmung? Da wird er doch wohl gleich aufgeben und umkehren?

Mitnichten!

Es verging erst eine viertel Stunde,

dann eine halbe Stunde,

dann eine dreiviertel Stunde.

Ich spürte, daß die beiden Aufschneider hinter mir etwas nervös mit den Hufen scharrten. Im Fluß tat sich derweil nichts. Kein Schwimmer mehr in Sicht.

Es verging eine Stunde,

eine weitere viertel Stunde,

eine weitere halbe Stunde.

Das schlechte Gewissen hatte die Prahlhänse verstummen lassen. Jetzt konnten sie nichts mehr tun außer warten.

Nach eindreiviertel Stunden sah ich plötzlich etwas mitten in der Regnitz treiben.

Treibgut?

Flaschenpost?

Ein schwimmender Hund mit einem Stück Holz im Maul?

Gar ein Krokodil?

Es war der Genarrte, der Gegen-den-Strom-Schwimmer.

Zwar noch immer athletisch, doch sichtlich angeschlagen entstieg er der guten, gutmütigen Regnitz, schüttelte sich wie ein junger Welpe und meinte allen Ernstes zu den beiden Wartenden: Ihr seid doch nicht wirklich zur Brücke geschwommen, oder?

ODER???

Sicherheitshalber entfernte ich mich vom wiedervereinten männlichen Dreigestirn, weil Racheakte nicht ausgeschlossen waren…

Doch die Regnitz liegt ganz unschuldig vor mir.

Ja, die Regnitz…

Es ist schon viel Wasser die Regnitz hinuntergeflossen, seit wir ihr die allererste Erwähnung Bambergs zu verdanken haben. Das war im Jahr 718, als die junge Veitshöchheimerin Bilihild mit dem Würzburger Herzog Hetan II. verheiratet wurde. Über die damalige Party-Gesellschaft, die einen Ausflug plante, wird berichtet: „*Babenberg veniunt, ubi multa iocalia fiunt.*" Auf der Regnitz zogen sie also zum Feiern gen Bamberg und stimmten sich – so wird vermutet – mit einer feuchtfröhlichen Schiffsreise ein.

Ja, die Regnitz!

Auch jetzt ein vergnüglicher Ort: In ihr entspannte, gar entrückte Gesichter von dahintreibenden Genießern, die nichts schöner finden als das Bad im sonnendurchwirkten Fluß.

Dann aber wird es Zeit für mich, zu gehen.

Ich will nur wenige Meter flußaufwärts, zum Bootshaus.

Das Gold in der Regnitz ist hier zunächst einem smaragdfarbenen Flirren gewichen. Die Uferbäume werfen ihre grünen Reflexe ins Wasser und lassen es schließlich kupfern schimmern, je weiter der Nachmittag voranschreitet. Auch er macht Pause im Biergarten des Bootshauses.

Da sitze ich, über mir flüstern Äste und Blätter. Und diesmal perlt eine Radler-Halbe vor mir, kein Schabeso, aber irgendwie so ähnlich. Ich schicke meine Gedanken hinauf in den Himmel, wo sie mit den Wolken Fangen spielen und sich mit den Bäumen im Wasser widerspiegeln.

Darunter kuschelt sich friedlich das Bootshaus, das eine ganz eigene Aura umgibt, eine Mischung aus viel Romantik und Turnvater-Jahn-Charme. Zwischendrin etliche Ruderer, die ihre Boote flottmachen. Wie Harpunen gleiten sie dann elegant vom Anleger in die Regnitz und durchschneiden das Wasser, das sich anschließend, ohne klaffende Wunden zu hinterlassen, durch sanfte Wellen wieder schließt.

Ich brauche auch noch ein bißchen mehr Regnitz und radele weiter durch den südlichen Hain, zur Buger Spitze. Hier wirkt der Fluß wie ein stiller See, Schwäne und Enten tummeln sich. Einige Tretboote gucken mich hilfesuchend an. Friedlich ist es hier, und das Wasser raunt mir aus den Tiefen seine Geschichte zu.

Vor tausend Jahren war die Regnitz noch unberührt. Da schlängelte sie sich als glänzendes Band durch die Weiten des Landes, grub sich durch den sandigen Grund, schuf Seitenarme und kleine Inseln. Die Natur um den Fluß war vielfältig und geheimnisvoll: In den morastigen Feuchtgebieten schwappte schwerer Sumpf. In den Auen fanden Weiden und Erlen ein gutes Zuhause.

In diesen Zeiten war die Regnitz ein ungestümes junges Mädchen, quirlig und im wahrsten Sinne des Wortes oft über das Ziel, das Ufer, hinausschießend.

Spätestens im 19. Jahrhundert war es dann mit diesen Sperenzien vorbei: Der bayerische König Ludwig I. ließ Hand anlegen und begann mit den Arbeiten an „seinem“ Kanal, um Main und Donau zu verbinden. Die Regnitz kam dabei nicht ungeschoren davon und wurde in ihrem eigentlichen Lauf gemaßregelt.

Das war aber nicht nur zum Nachteil. Denn so entstand auch der Hain als grünes Band zwischen Himmel, Stadt und Wasser. Das stürzt nun vor mir über das Buger Wehr in die Tiefe…

Nach dem Zweiten Weltkrieg, so erzählt man sich, gab es einen russischen Fährmann, der von Bug auf die Hainspitze übersetzte.

Und dann gab es da noch das Hain-Dampferla, eine Fahrt mit ihm – ein beliebter Zeitvertreib am Sonntagnachmittag oder der klassische Ausflug, den der Firmpate mit seinem Firmling unternimmt. Ich selbst habe das Hain-Dampferla nie erlebt. Ich stelle es mir vor wie ein kleines schnaufendes Tierchen, das sich mit freudigem, erwartungsvollem Gesichtsausdruck gutmütig flußaufwärts vorarbeitet. Ich höre das sanfte Tuckern des Schiffsmotors, das leichte Säuseln der Bugwellen und die fröhlichen Stimmen, die ans Ufer dringen. Dann wird das Ausflugsboot immer kleiner, verschwindet beinahe, und das leicht aufgewühlte Wasser der Regnitz wird wieder ganz friedlich und breitet sich als gläserner Teppich vor mir aus…

Und es gab noch Aale am Wehr. So viele, daß sich damals die Buben in ihren kurzen Hosen, mit ihrem weizenblonden Haar mit messerscharfem Scheitel einen Spaß daraus machten, sie zu fangen. Jedes Hilfsmittel war recht, sogar eine Gabel mußte dafür herhalten. Die landete wie ein Dreizack in dem Rücken eines Aals.

Wie die Geschichte weitergeht?

Wir wissen es nicht, aber ich bin Gerhard Krischker, Bambergs großem Mundartpoeten, unendlich dankbar, daß er die rustikalen Fangmethoden von einst beschreibt – in einem seiner Gedichte voller Bamberg.

Wie heißt es darin doch gleich?

Die Dooch diä woarn wiä Brausebulfä.

Wie Brausepulver waren seine Tage?

Ja, das glaube ich ihm aufs Wort.

Als ich meinen letzten Zug aus der Schabeso-Flasche nehme, ist der Tag zu Ende.

Nein – die Zeit stand nicht still. Zusammen mit der Regnitz zog sie an mir vorüber und bescherte mir einen zusätzlichen Tag in meinem Jahreskalender.

Ein Tag, der nicht mitzählt, weil er sich wie ein unerwartetes kostbares Geschenk entfaltet hat.

Wie Babetts Holunderblüten-Limonade.

Wie Krischkers Brausepulver-Tütchen.

Erst unschuldig fruchtig, dann aufregend prickelnd, erfrischend.

Nachhaltig.

Eben ein Tag wie Schabeso.

Ein trostloser Anblick?

Träumereien am Maxplatz

Heute kommt Kamila zu Besuch. Wir sehen uns nicht so oft, wohnen mehr als 200 km auseinander. Aber Gott sei Dank ist es gute Tradition geworden, daß wir uns mindestens zweimal im Jahr treffen.

Mädelstag!

Da traumhaftes Wetter unsere Stimmung noch mehr hebt, beschließen wir, nicht *nei'n Äddl* zu gehen – nein, das sonst so hoch geschätzte Ertl-Zentrum muß heute ohne uns auskommen. Kein Shopping, statt dessen ein altmodischer Stadtbummel. Schlendern ist schließlich Luxus.

Nach zwei Stunden schleicht sich ein kleines Zwischentief in unsere Konsumfreude – nicht zuletzt, weil zahlreiche Tüten und Taschen und Beutel mit Beute die Arme schwer werden lassen.

„Einige Sherpas wären nun günstig, um unser Gepäck ins Basislager zu bringen“, meint Kamila.

„Ne’ tolle Idee für ein neues Service-Konzept“, nicke ich zustimmend. „Am besten marschierst Du gleich zum *OohBee* und stellst Deine Marketing-Idee vor“, knuffe ich sie in die Seite und deute auf den Regierungssitz des Oberbürgermeisters – das Rathaus, das behäbig auf der Sonnenseite des Maxplatzes döst.

Es kommt keine weitere Zustimmung von Kamila. Vielmehr sinkt sie auf eine der wenigen Bänke, die den Schick und das Charisma einer Büroklammer haben, kaum aber das sind, was man eine einladende Sitzgelegenheit nennen kann.

Wir schweigen und blinzeln in die Sonne.

Eine ganze Weile lang.

Mit geschlossenen Augen meint plötzlich Kamila: „Also, Bamberg wird zwar immer schöner. Aber warum muß denn ausgerechnet der Maxplatz so häßlich sein?“

„Eigentlich ist der Maxplatz unser Event-Platz in Bamberg. Wir brauchen ihn, um zu feiern, wenn die Brose Baskets Deutscher Meister geworden sind, wir brauchen ihn für den Weihnachtsmarkt, fürs Public Viewing bei der WM, für das Jazz-Festival und für andere… na, Events eben.“

„Wenn das so ist“, meint Kamila wenig überzeugt, „dann sollte man den Maxplatz umbenennen in Max-und-Moritz-Platz. Lausbuben gibt es da drin doch genug“, sagt sie und deutet auf das Rathaus.

„Also gut, dann eben Max-und-Moritz-Platz – aber nicht nur ein billiges Plärrer-Imitat mit ein paar läppischen Karussells, sondern ein richtiges Bamberger Disneyland! Mit Show- und Wow-Effekten aus der Trickbude von Stadtmarketing und Co. Und mit ganz hohen Eintrittsgeldern, die direkt in den Stadtsäckel fließen…“

Dieses war der erste Streich,
und der zweite folgt sogleich.

Kamila ist wenig begeistert von meiner Idee. „Du kannst es drehen, wie Du willst, mit oder ohne Event-Charakter“, mosert sie weiter, „ich finde den Maxplatz, so wie er jetzt ist, echt trostlos.“

„Na ja“, meine ich und versuche, versöhnlich zu klingen, „so schlimm ist er doch gar nicht. Immerhin gab es so etwas wie ein Konzept mit Lichtdesign und Pflanzenkübeln und so.“

Kamila nimmt noch immer ein Sonnenbad. Ohne die Augen zu öffnen, meint sie: „Und?? Wo sind sie denn, die Pflanzenkübel?“

Ich stutze. In der Tat – keine Pflanzenkübel weit und breit, geschweige denn Kübelpflanzen. Fehlanzeige!

Ich versuche eine Erklärung – an Vandalismus will ich nämlich nicht glauben: „Vielleicht ist Frost gemeldet, oder aber die Stadtgärtnerei gestaltet die Arrangements neu, oder …“ Und schon drohen mir die Argumente auszugehen.

Ich schließe ebenfalls die Augen. Die Sonne im Gesicht tut gut. Fast mediterran das Feeling, würde sich vor uns nicht eine Betonwüste ausbreiten.

Halt, da hinten plätschert – zumindest in meiner Einbildung – der Maximiliansbrunnen. Da hinten eben… Als könnte Kamila meinen Gedanken erraten, meint sie: „Der Brunnen wäre doch schon mal ein guter Ausgangspunkt für das Facelift des Platzes, dazu kleine Plantanen, aber nicht in Kübeln, sondern so richtig – in die Erde."

„Ja", ergänze ich, „und dann dazwischen schattige Plätzchen mit Bistro-Stühlen, kleine Kieswege – so wie die zentralen Plätze der südfranzösischen Städtchen halt."

„Genau! Und das ganze nennen wir dann Place de Rodez – frei nach der Partnerstadt Bambergs, die auch die gesamte Umgestaltung sponsert."

Wir schwelgen in südländischen Vorstellungen, sind mittendrin in den Midi-Pyrenäen, hören von fern das Mittelmeer und die schwebenden Musette-Klänge eines Akkordeons. Wir sehen im Geiste alte Männer mit Batschkapp' und Baguette-Broten unter dem Arm auf uns zuschlendern, da hinten spielen welche Pétanque und haben neben sich einen milchigen Pastis in hohen kühlen Gläsern.

Lautes Hupen reißt uns just aus den französischen Tagträumen.

„Wie?", schreckt Kamila auf, „Autos – hier mitten in der Stadt?"

In der Tat, kein Wunder, da hinten geht es ja hinunter in die Tiefgarage, wo scheinbar wieder einmal das unnachahmliche und hoffnungslose Samstagvormittagsgedränge herrscht.

„Okay – also nix mit Place de Rodez, sondern ein Park&Ride-Platz."

„Wie bitte???"

„Nein, nicht das, was Du denkst", lacht Kamila, „sondern ein", und nun spricht sie es sehr deutsch aus, „ Park und Reit-Platz!"

Ich verstehe immer noch nicht ganz, da beginnt sie zu erklären: „Also, der Maxplatz wird zum Maxpark umgestaltet. Das Herz ist eine durchgängige Grünfläche, wo auch Pferde grasen. Es duftet gut nach Gras und Heu und ein bißchen nach Bauernhof und heiler Welt. Kinder können Ponyreitstunden buchen und wir eine Rikscha, um mit den Einkäufen nach Hause zu zuckeln."

Mit diesem ländlichen Idyll kann ich mich so gar nicht anfreunden: „Dann wäre es besser, wir würden hier den ersten gescheiten E-Mobil-Parkplatz einrichten – halb überdacht mit futuristischer Architektur, die Solarzellen-Module, Glas und Edelstahl miteinander verbindet, dann mit Stromzapfsäulen und Stellboxen, die sich dann öffnen, wenn man sich gegen eine Gebühr ein Fahrzeug ausleihen will..."

„Moderne Architektur? Freches Design? – Und das in Bamberg?", grübelt Kamila und schiebt resigniert hinterher: „Nie und nimmer."

Insgeheim hoffe ich natürlich, daß sie sich irrt. Bevor ich meine Überlegungen fortsetzen kann, meint sie plötzlich: „Plätze in Städten haben doch stets eine ganz besondere Bedeutung. Denk mal an den Tahrir-Platz in Kairo, wo der Arabische Frühling seinen Anfang nahm".

Das scheint mir dann doch ein bißchen zu hoch gegriffen: „Ha! Du meinst, der Maxplatz wäre ein geeigneter Platz zum Demonstrieren?" Auf die Frage nach dem Für-Was bzw. Gegen-Was einer Bamberger Demonstration fällt uns beiden so recht nichts ein.

Just in diesem Moment macht es auf meiner linken Schulter taptaptap.

„Halloo-oh", raunt es mir ins Ohr. Die Stimme gehört Gundi, einer Freundin, die ich ebenfalls schon eine Weile nicht mehr getroffen hatte. „Was macht Ihr denn da an diesem gar trostlosen Fleck in Bamberg?"

„Wir versuchen gerade, eine Parallele zwischen Maxplatz und Tahrir-Platz zu ziehen, aber uns will einfach nichts dazu einfallen."

„Och", meint Gundi, „ich hätte da schon eine Idee: Auf dem Tahrir-Platz haben die Demonstranten doch gecampt. Wie wäre es, wenn die Universität den Maxplatz als Zeltplatz anmietet? Obdachlose Studenten bekämen so zumindest ein Ersatzdach über den Kopf."

Grinsend fährt sie fort: „Ist es nicht schön, daß die Hochschulleitung auch mal ein Überraschungspaket auspacken darf?" Damit spielt Gundi auf die Studentenmassen an, die sich seit kurzem in die Stadt ergießen. Oder besser gesagt, in die zu engen Hörsäle, Seminarräume, Wohnheime und privaten Kleinstunterkünfte. Vor allem die Horden von

Erstsemestern bereiten Stadt und Hochschule Probleme.

„Hätte man eigentlich wissen können, dass bei einem doppelten Abiturjahrgang und abgeschaffter Wehrpflicht auch die Bamberger Uni regelrecht überrannt werden würde! Sogar der *Erdbeerschorsch* hat seine Bamberger Schäfchen aufgefordert, Studenten in Not eine Herberge anzubieten."

Kamila guckt plötzlich sehr ratlos. „Wer ist denn der Erdbeerschorsch?"

„Das ist ein Kosename," schmunzelt Gundi und erklärt gern: „So nennen nämlich wir Bamberger liebevoll unseren Erzbischof."

„Erd.Beer.Schorsch! Erz.Bi.Schof", betont Kamila bewußt die Silben, merkt die Ähnlichkeit, findet's komisch und lacht laut.

Auch ich kann mir ein Lachen nicht verkneifen; ich sehe die beiden – Erzbischof und Universitätsrektor, ein Theologieprofessor – regelrecht vor mir. Und Gundi ergänzt: „Stellt Euch nur vor, dann würde ja der Unirektor als Bruder im Geiste auf des Erzbischofs Spuren wandeln, wenn er als der große Kümmerer den Maxplatz anmietet, eine Zeltstadt darauf errichtet und die beiden gemeinsam den täglichen Abendsegen spenden." Gundi ist kaum zu bremsen: „Unter Theologen läuft so was doch von alleine! Und die vorausschauenden Planer und die vorsorgenden Organisierer in der Universitätsleitung könnten sich noch ein bißchen Zeit lassen. Bis die Buden des Weihnachtsmarkts auf dem Maxplatz aufgestellt werden, hätten wir inmitten der Stadt eine bunte lebendige Zeltstadt."

„Yes, we camp" – tönt Kamila aus dem Hintergrund und ironisiert den einstigen Wahlkampf-Spruch von US-Präsident Obama.

Pause. Schweigen hüben und drüben.

Ich blinzle verstohlen nach links. Gundi hat sich in der Zwischenzeit offenbar leise davongestohlen. So versuche ich, einen Blick auf den Brunnen zu erhaschen. Maximilian, König von Bayern, hat die historisch wichtigsten Bamberger VIPs unter sich: zuallererst Heinrich, der Gründer unseres Bistums, zusammen mit seiner Gattin und Kaiserin, die heilige Kunigunde. Dann natürlich Bischof Otto I. und König Konrad III.

Ja, irgendwie hätte ich den Brunnen gern in der Mitte des Platzes. So, wie ich es neulich auf einem alten Foto von 1919 gesehen habe. Da kehrte nach dem Ersten Weltkrieg das 1. Regiment der berühmten Kaiserulanen von der Ostfront nach Bamberg zurück und wurde samt ihren Pferden, Musikcorps und Kesselpaukern mit festlichem Fahnenschmuck rund um den Maximiliansbrunnen empfangen.

Krieg hin oder her, denn ein Brunnen ist von Haus aus friedlich. Allein schon deswegen sollte er keine Randerscheinung sein.

Und: Zentrale Persönlichkeiten von Bamberg gehören eben ins Zentrum – so wie Bamberg selbst einmal Zentrum war.

Das waren noch Zeiten, denke ich.

Zwischen dem 10. und 12. Jahrhundert, als die vier Herrschaften in Bamberg lebten und regierten, gab es weder den Maxplatz noch die Probleme mit und um ihn. Da standen ganz andere Sorgen auf der damaligen Agenda.

Heinrich wollte vor allem das einstige Reich der Franken wieder herstellen, dann gab es Streß mit dem Herzog der Polen, der die östlichen Grenzen bedrohte. Und dann auch noch zwei Italienfeldzüge. Die First Lady Kunigunde konnte sich dabei nicht etwa ein gemütliches Leben machen, Heinrich vertraute ihr während seiner Abwesenheit die Regentschaft über das Reich an.

Wie nichtig nehmen sich doch dagegen die aktuellen Probleme Bambergs aus:

Wegfall von Kurzzeitparkplätzen,

Stagnation bei der Sanierung der Sterzersmühle,

Hissen oder Nicht-Hissen der Frankenfahne und die Ausrichtung und Abwicklung einer Landesgartenschau.

Da fällt mir was ein.

„Wie wäre es," wende ich mich an meine sonnenträumende Freundin, „wenn die Gestalter der Landesgartenschau aus dem Nachlaß derselben riesige Buchsbaum- oder Eibenhecken lieferten und dann einen Irrgarten anpflanzten. Es gäbe natürlich nur einen einzigen richtigen Weg, der dann in die künftige Mitte des Platzes zum Brunnen führte."

„Ein Super-Sinnbild für die Vorturner im Rathaus – immer auf der Suche nach dem richtigen Weg für Bamberg", sinniert Kamila. Aber dann fragt sie mich sehr ernst: „Gab es überhaupt auf der Landesgartenschau irgendwelche Buchsbaum- oder Eibenhecken?"

Über meinem Kopf schwebt ein Fragezeichen: Eher nicht, flüstert mir mein Langzeitgedächtnis zu.

Da dreht sich Kamila so abrupt auf der Bank zu mir um, daß sämtliche Einkaufstüten bedrohlich schwanken.

„Aber eigentlich finde ich jetzt den Maxplatz richtig schön."

„Ja, wie denn das auf einmal??"

„Er ist so leer und öd, daß er einen zu den herrlichsten Phantasien anregt."

Recht hat sie, die Kamila.

Und mit ihrer Meinung ist sie gar nicht so allein. Kürzlich hat mir der Oberbürgermeister mit Augenzwinkern verraten, daß sich die Stadtverwaltung mittlerweile in einer Sache völlig einig ist: Eine Stadt – und Bamberg, das ein so reiches Stadtbild hat, erst recht – braucht auch einen Fleck, an dem *einfach mal nix* ist.

Tatsächlich, das kann ich sogar verstehen. In einer Stadt mit überbordender Schönheit und Harmonie muß es auch ein Niemandsland geben, an dem nichts wirklich schön ist.

Oder muß es gar heißen: An dem Nichts wirklich schön ist?

Groß- und Kleinschreibung helfen bei der Interpretation vielleicht sogar weiter, mir jedenfalls. Aber welche ich gerade anwende, ist – wie so vieles im Leben – tagesabhängig.

Eines steht auf jeden Fall fest.

Niemandsland – das ist wie ein Minuszeichen.

Nichts wirklich Schönes – das ist ebenfalls ein Minuszeichen.

In der Schule habe ich gelernt:

Minus mal Minus ist Plus!

Seitdem ich mir dies klargemacht habe, verharre ich gern am Maxplatz, am liebsten dann, wenn er sich ohne Veranstaltung oder Markt oder Event völlig sinnentleert vor mir ausbreitet. Dann gehört er mir und meinen Phantasien.

Du, mein ganz persönlicher Maxplatz – für Dich träume ich mir jedesmal das tollste Konzept. Und das Beste ist: Ich kann es jederzeit ändern und kosten tut es auch nichts.

Ganz hinten, da – am Maxbrunnen – nicken mir unauffällig Heinrich und Kunigunde, Otto und Konrad zustimmend zu.

Flugzeuge im Bauch

Im Messerschmitt

Ein unspektakulärer regnerischer Spätnachmittag im Jahre 1832. Der Abend kündigt sich an, der Wind bläst seine Backen auf und unten an der Regnitz hüpft ein Frosch gemeinsam mit den letzten Sonnenstrahlen ins Wasser.

In der Plattnergasse zieht es und kühl weht es vom Ufer her. Zugig und ungemütlich ist es hier unten in der Fischerei, als Johann Adam Messerschmitt nach Hause kehrt. Müde ist er. Als Rangschiffer hat er viel Verantwortung für die großen Frachtkähne, die regelmäßig von Bamberg main- und rheinabwärts bis nach Köln verkehren. Und natürlich wieder zurück. Nun liegt eine anstrengende Tour hinter ihm. Vom Untermain kommt er und wie immer nach einer Fahrt flußaufwärts ist er froh, nach all den Strapazen wohlbehalten in sein Haus eintreten zu können. Wie er sich bereits auf das Abendessen freut! Katharina, sein Weib, das ist einfach eine phantastische Köchin. Mit ihr, dem liebreizenden Sauerstöchterlein aus dem Hotel „Deutsches Haus" hat er wirklich einen Glücksgriff gemacht. Was sie heute wohl für ihn auf den Tisch gezaubert hat? Erschöpft hängt er seinen feuchten Umhang auf, nicht ohne vorher sein schweres Bündel mit Weinflaschen unter dem Arm vorsichtig abzusetzen. In Kreuzwertheim hatte man ihm diese anvertraut. Und nicht nur das, ein ganzes Faß hat er mit nach Bamberg gebracht, und das auch noch umsonst. Die Weinernte von Fürst Löwenstein war so reichlich ausgefallen, daß man nicht wußte, wohin mit dem Überschuß. Der Auftrag war klar: Der Wein sollte in der Bierstadt Bamberg für Abwechslung sorgen. Johann Adam Messerschmitt war mehr als skeptisch. Bei dem Gedanken, den Wein mit viel Überredungskunst an seine biertrinkenden Zunftbrüder zu verhökern, grauste ihm. Aber schließlich hatte er sich doch überreden lassen. Denn die Winzer wollten erst einmal keine Vorkasse machen, zahlen sollte Messerschmitt erst dann, wenn er all den Wein verkauft hat. – Ein fairer Deal.

Wird schon werden, sagt er sich, und tätschelt sein Bündel voller Flaschen. Als er mit Vorfreude auf einen deftigen Eintopf oder eine Scheibe Schweinsbraten in die Wohnstube tritt, sinkt schlagartig seine Begeisterung: Um den Tisch herum haben sich drei von der Fischerszunft aus der Nachbarschaft versammelt. Das Abendessen wird wohl noch ein Weilchen warten müssen.

Na, Adam? Feierabend is' jetzt! – Dann richten sich alle Augen auf die Weinflaschen. *Wos hosdn Fein's midbroochd von Deinä Reisn?*

Jaja, *scho' recht*, knurrt er mit böser Miene. Die hat er aber nur zum Schein aufgesetzt. Denn Adam Messerschmitt wittert seine erste Chance.

Und dann erwartungsvoll: Wollt Ihr probieren?

Als die Tafelrunde begeistert zustimmt, lächelt er verschmitzt: *Baßt scho*, aber den Wein… den gibt's *fei ned für ummasunsd*…

Sprach's, öffnet die erste Flasche und trommelt mit den Fingern auf den Eichentisch. Murrend werfen die Kumpanen ein paar Münzen in die Runde. Und zu einem selbstgefälligen *Siggst, des geht doch* füllt der Adam die Gläser…

So, oder so ähnlich wird sie sich vielleicht abgespielt haben, die Geburtsstunde des Weinhandels Messerschmitt zu Bamberg, denke ich und schaue in mein Glas. Heute mal was Frisches, Junges, Modernes! Ein leichter fränkischer Rotling. Ein schöner Kontrast zur Tradition, zur bewegenden Geschichte. Im fruchtigen Grund des Weinglases spiegeln sich die nostalgischen weißen Holzverzierungen, die das Brunnengärtla vom heutigen Restaurant Messerschmitt schmücken.

Noch ein kühler Schluck!

Das regt meine Phantasie an. Ich sehe die Fischer und Schiffer von damals vor mir, wie sie ihre Ladung unten am Kranen löschen. Ob es Flaschen waren oder ein Faß, aus dem Adam Messerschmitt seinen ersten Wein ausschenkte, ist mir eigentlich egal. Denn: Irgendwann wurde gewiß aus den Flaschen dann ein Faß, und aus einem Faß wurden irgendwann mal zwei Fässer, viele Fässer. Der Wein war und ist es, in welchem Behältnis, in welcher Form auch immer, der das Schicksal der Familie Messerschmitt bis heute bestimmt.

Da kommt auch schon mein Amuse Gueule. Ein kleiner Gaumenschmeichler im Glas wird mir da serviert – eine Kräutermousse mit Heilbuttschnittchen soll mich auf einen genußvollen Abend einstimmen. Während sich vor mir im türkisen Brunnenbecken zwei Waller aneinanderkuscheln, bin ich in Gedanken wieder bei Johann Adam Messerschmitt. Irgendwann ist es ihm nämlich gelungen, seine Katharina zu überreden, daß sie nicht nur für ihn, sondern auch für andere kocht. Und plötzlich gab es gegen Bares nicht nur ein Glas Wein, sondern auch etwas Leckeres zum Schnabulieren. Aus dem Weinausschank wurde eine Weinstube. Und so war es ganz selbstverständlich, daß es zum Frühschoppen nach der Kirche auch etwas zum Essen gab. Bratwürste waren damals der Renner, und zwar in großen Portionen. Unter der Woche trauten sich die Bamberger nicht so recht in die Weinstube. Man wollte schließlich den guten Ruf nicht ruinieren. Aber so ganz allmählich fanden immer mehr Besucher den Weg nach Klein-Venedig, in die Plattnergasse 3. Zum Frühschoppen an den Sonn- und Feiertagen kamen der Dämmerschoppen und die ersten kleinen Zwischenmahlzeiten. Damals nannte man diese Gerichte je nach Tageszeit Gabelfrühstück, Jause oder Vesper. Also durchweg reichhaltige Speisen, die als simpler Imbiß ohne viel Brimborium nur mit einer Gabel oder mit der Hand, dafür aber mit alkoholischen Getränken eingenommen wurden. Da gab es Leberle und Beuscherl, Nieren und – natürlich wieder Bratwürste, viel Bratwürste. Bis zu acht Paar pro Portion bestellten sich die Bamberger damals, das war völlig normal. Neben all dem Deftigen hielt aber auch etwas ganz Elegantes Einzug: Süß- und Schaumweine! Spätestens dann, als im Juli 1863 das griechische Monarchenpaar Otto und Amalie sein Exil in Bamberg bezog und hierher auch das kaiserliche Reiterregiment der Ulanen verlegt wurde, entwickelte sich die Plattnergasse 3 zu dem, was man heute *in* oder *stylisch, angesagt* oder *hip* nennt.

Ja, ja, so denke ich, die Adeligen wußten ja schon immer, wie man es sich gutgehen läßt. Kein Wunder, daß es nicht mehr lange dauern sollte, bis beim Messerschmitt neben deutschem Wein die Champagner-Marke Roederer ausgeschenkt wird: bester Beweis für Lebensart und – sagen wir es so, wie es ist – Snobismus. Und so wird aus der einstigen Weinstube ganz allmählich ein kleines feines Lokal. Ob es damals in Deutschland, in Franken, in Bamberg das in Frankreich längst moderne Wort Restaurant schon gab – keine Ahnung. Aber das, was in diesen Jahren serviert wurde, verdiente längst das Prädikat gehobene Küche. Der beste Beweis – eine Speisekarte vom 12.08.1875 mit folgendem Menü:

Sardellenbrödchen (man beachte die Bamberger Schreibweise mit weichem d)
Krebssuppe
Rheinsalm à la Hollandaise, Kartoffel
Roastbeef, Macaroni, Süße Gurken
Wiener Schnitzel, Kalbsmilch, Blumenkohl
Huhn-Ragouts, Pasteten
Rehbraten, Salat, Compot
Zitronen-Pudding
Gefrorenes
Torten und Confect
Caffee, Alten Cognac

Ich stelle mir vor, wie sich solch eine kulinarische Bereicherung in der Stadt herumgesprochen hat. Obwohl Bambergs Bevölkerung von Haus aus dem Neuen eher skeptisch gegenüberstand, kamen mehr und mehr Besucher. Es gab Platzprobleme, nicht nur für die Gäste, sondern auch für die Lagerung von Fässern und Flaschen. Mittlerweile hatte Johann Adams Sohn, Johann Baptist, ganz offiziell eine Weinhandlung gegründet. Keller unter dem einstigen Waisenhaus am Kaulberg und unter der heutigen Polizeiinspektion an der Schranne wurden hinzugepachtet. – Was für eine logistische Großaufgabe, schießt es mir durch den Kopf, wohl wissend, daß es zu dieser Zeit noch keine Lkw oder Kleintransporter gab. Ferdinand Baptist, der Sohn von Johann Baptist, war es dann, der die brisante Lage erkannte und mit Fortune das Anwesen Lange Straße 41 kaufte – endlich Platz für eine Büttnerei, Kellerei – und eben ein richtiges Restaurant.

Da sitze ich jetzt, oder besser: davor, in seinem kleinen Gärtchen. Still ziehen diese Bilder an mir vorüber, während Herr Knauer, der Oberkellner, mich sanft daran erinnert, daß soeben die Vorspeise vor mir Platz genommen hat: Brust und Keule von der Wachtel auf frischem Salat. Ich genieße den kulinarischen Leckerbissen, eine zarte Versuchung unter krosser Haut auf knackigem Grün, während meine Gedanken langsam wieder rückwärts wandern.

Ein laues Lüftchen fängt sich im Baum und in den Kübelpflanzen. Wie schön, daß ich einfach hier draußen in dieser kleinen Oase inmitten der Stadt sitzen kann. Die Ursprünge des Restaurants finden sich indes woanders – im Inneren des Hauses. Da, wo heute das Bischofszimmer und die Hubertusstube ihren Platz haben, da war einst der Nukleus vom Messerschmitt: die Weinprobierstuben. Erst viel später, nach 1898, kamen das heutige Restaurant mit Gartenzimmer, dem Brunnengärtla und vor allem der Küche dazu. Wie gut, daß es mit Ferdinand Baptist ein großes Architektentalent in der Familie Messerschmitt gab! – Halt! Nochmals zurück zur Küche! Schon immer hat sie sich an den regionalen Spezialitäten orientiert, aber es gab doch eben mehr als nur Braten und *Kloß mit Soß*. Nicht ganz von ungefähr, so schmunzele ich in mich hinein, wird auch daher Johann Baptist auf Brautschau im Gastronomiegewerbe gegangen sein. Mit Margarete Dütsch aus einem Gasthof in Zapfendorf ging er wohl das ein, was man strategische Heirat nennt. Sie war wie ihre Schwiegermutter Katharina eine begnadete Köchin. Mein Blick fällt nochmals auf die uralte Speisekarte von 1875, die im heutigen Messerschmitt-Foyer in einer Glasvitrine zu bestaunen ist und bleibt an der Krebssuppe hängen. Wer weiß schon, daß Flußkrebse eine uralte fränkische Delikatesse sind? Die feinen Schalentierchen aus heimischen Gewässern waren schon immer in der gehobenen Gastronomie begehrt. So auch im Messerschmitt – gestern wie heute. Beim Gedanken an die edlen Krustentiere läuft mir das Wasser im Munde zusammen. Flugs bestelle ich noch eine zweite Vorspeise: Flußkrebssülze mit Zitronen-Crème fraîche.

So frisch wie dieser kühle Genuß war auch der Wind, den dann die Kinder von Ferdinand Baptist ins Haus brachten. Gleich fünf waren es, die da in der Langen Straße umhertollten. Besonders aufgeweckt waren die ältesten beiden Buben: wieder ein Ferdinand und dann der Willy. Die beiden steckten gern unter einer Decke, wenn es darum ging, zu werkeln und zu tüfteln. Vor allem Willy hatte da seinen ganz eigenen Kopf und bastelte im Hinterhaus stets an irgendwelchen Flugzeugmodellen. Und das schon mit zehn Jahren. Nur kurze Zeit später lernt er einen Segelflugpionier kennen, der sein Freund und Förderer werden sollte: Friedrich

Harth. Vielleicht konnte Willy aber auch seine kreative Ader deswegen so ungehemmt ausleben, weil sein Vater so früh verstorben war. Ich rechne zurück. Willy mußte so um die 17 Jahre alt gewesen sein, als er dann schließlich nur in der Obhut seiner Mutter aufwuchs. Die lies ihn mit seinem ungewöhnlichen Zeitvertreib gewähren. Zweierlei kam ihm außerdem seinerzeit zu Hilfe. Er war nicht nur Mamas Liebling, sondern er nutzte auch ihre Schwerhörigkeit aus, wenn es mit Getöse an irgendwelche geräuschvollen Experimente ging…

Der Erste Weltkrieg schien erst einmal allen Zukunftsplänen einen Strich durch die Rechnung zu machen. Willy wurde eingezogen. Ferdinand, der mittlerweile am Züricher Polytechnikum war und eigentlich nichts mehr mit Weinhandlung und Restaurant am Hut hatte, auch. Ich versuche mir vorzustellen, wie ich angesichts einer solchen Lage reagiert hätte: Verzweiflung, Angst, Resignation – gewiß. Anders die beiden Messerschmitt-Brüder. Sie rauften sich nach dem Kriege zusammen.

Liebe und Leid dicht beieinander.

Und doch ging es weiter – sowohl mit dem Restaurant und der Weinhandlung als auch mit dem Flugzeugbau. Welch eine ungewöhnliche Kombination. Mir kommt unweigerlich Herbert Grönemeyers Liebeslied in den Sinn: Flugzeuge im Bauch – denn auch hier:

Liebe und Leid dicht beieinander.

Es wird Zeit, daß ich endlich die Hauptspeise bestelle. Soll ich den Waller in Wurzelsud und Meerrettichsauce nehmen? Oder lieber die Kaninchenkeule mit Blumenkohl und Pilzroulade? Ich kann mich weder für das eine noch für das andere entscheiden, zumal die beiden Waller gerade zärtlich im Bassin miteinander spielen…

Wir hätten auch noch Saiblingsfilet auf Graupen-Risotto mit Zuckerschoten und Minze, kommt es leise von hinten. Offenbar hat Herr Knauer meine Gedanken lesen können. Und mir in diesem Moment auch meine Entscheidung abgenommen.

Mmmmh, Graupen – denke ich, so selten auf der Speisekarte, und doch so lecker und gleichzeitig so herrlich altmodisch. Bestimmt stand dieses Essen auch in den bewegten 1920er Jahren öfter auf dem Tisch der Messerschmitts, in der Zeit, als Willy seine Firma „Flugzeugbau Messerschmitt" gründete. Die Hinterhofwerkstatt in der Langen Straße war längst zu klein geworden, es fehlte an geeigneten Produktionsstätten. Und es fehlte an einer ausreichenden finanziellen Basis. Willys Bruder Ferdinand unterstützte mit Geld aus dem Weinhandel und dem Restaurant, Immobilien aus dem Familiensitz wurden notgedrungen verkauft. Es wurde eng im Geldbeutel.

Übrigens, ein Paar Bratwürste kosteten in den Zeiten der Inflation zwischen den Kriegen sage und schreibe 8.000 Mark – so eine alte Speisekarte.

Ja, und Graupen galten als Arme-Leute-Essen…

Aber dann, als Willy die ersten Motorflugzuge in der damaligen Muna, der Munitionsanstalt, in der Geisfelder Straße baute, sprudelten die Einnahmen und es begann eine steile Karriere. Ende 1927 zog

Willy Messerschmitt als Leiter der Bayerischen Flugzeugwerke nach Augsburg um. Weinhandel und Restaurant verblieben indes wie ein ruhender Pol in Bamberg. Das Ganze entwickelte sich zur größten Weinhandelsfirma in Nordbayern.

Ich bestelle mir einen schönen Silvaner vom Weingut Schmitt's Kinder aus Randersacker. Seine kühle Frische sollte gut zum Saibling passen. Der braucht aber noch ein Weilchen. Ich lehne mich zurück und lasse weiter die Zeit passieren, eine dunkle Zeit, die auch vor der Familie Messerschmitt nicht haltmacht: Die Zeit der Hitler-Diktatur. Schon als ich zum Studieren nach Bamberg kam, hatte ich den Namen Messerschmitt immer wieder in Verbindung mit Attributen wie Nazi und Kriegsverbrecher gehört.

Was war passiert?

Als beseelter Ingenieur nutzte Messerschmitt jede Gelegenheit, den modernen Flugzeugbau voranzutreiben. Es waren schließlich seine Sturm- und Drang-Jahre. Und so verwundert es mich auch nicht, daß er sich in den 1930er Jahren an vielen Konstruktionswettbewerben beteiligte, die er meist gewann, z.B. mit einem ungewöhnlichen Ganzmetall-Tiefdecker. Auch von ihm – ein aufsehenerregendes Reiseflugzeug, die „Taifun“ , mit der die berühmte Pilotin Elly Beinhorn bei einem Rekordflug in den asiatischen Teil der Türkei fast 3.500 Kilometer an einem Tag zurücklegte.

Logisch, denke ich, daß die damaligen größenwahnsinnigen Machthaber auf solche Leistungen und damit auf Willy Messerschmitt selbst aufmerksam wurden. Logisch auch, daß schnell die Aufträge zur Produktion von Kampfflugzeugen eingingen. Doch längst lief nicht alles glatt. Es war das Modell ME 210, das regelrecht floppte. Konstruktionsfehler und eine zu lange Entwicklungszeit scheinen die Ursache dafür gewesen zu sein, daß der Bamberger Ingenieur in Berlin bei den NS-Machthabern in Ungnade fiel. Der Mißerfolg Willy Messerschmitts soll sogar ein Grund dafür gewesen sein, daß sich dessen völlig überforderter und glückloser Vorgesetzter, der Generalluftzeugmeister Udet, das Leben nahm. – Belege für diese Vermutung von Zeitzeugen habe ich zwar nicht gefunden, fest steht wohl aber, daß Messerschmitt bis auf weiteres nicht mehr in dem Umfang forschen und konstruieren durfte wie bisher.

Fest steht aber wohl vor allem auch, daß Messerschmitt im tiefsten Inneren seines Herzen zuallererst Ingenieur und Erfinder war. Vielleicht – oder besser: sogar sehr wahrscheinlich – war er wie so viele Ingenieure in einem ganz eigenen rechtwinkligen und technikdominierten Universum gefangen, ohne die restliche Welt da draußen wahrzunehmen. Kann es sogar sein, daß er so sehr auf Inventionen und Innovationen fixiert war, daß er die Gefahr des NS-Regimes nicht mehr richtig einschätzen konnte?

Ich bin so hin- und hergerissen zwischen all den Geschichten und der Geschichte, daß ich ganz zu vergessen drohe, an welch lauschigem Platz ich gerade bin. Ein kleines Relief über mir, das mich als eine Gruppe anmutig Tanzender grüßt, hilft mir, wieder in die Romantik des Hofgärtchens zurückzufinden. Und dann verstehe ich plötzlich, wie wichtig es ist, Dinge loszulassen und diese Stunden hier als echten Luxus eines ausklingenden Tages zu verstehen.

Da kommt mein Saibling. Sauber filettiert ist er auf das Graupen-Risotto drapiert. Nein, keine aufwendige Teller-Dekoration, keine ausladende Selbstverwirklichung eines überambitionierten Küchenchefs – einfach, aber durchaus einladend.

Mag sein, daß der ein odere andere Restaurant-Besucher in den üblichen Internet-Foren etwas herablassend über eine etwas antiquierte Form der Speisenpräsentation spöttelt.

Mag sein, daß eine Freundin von mir recht hat, wenn sie ihren jüngsten Messerschmitt-Besuch wie eine Zeitreise in ihre frühe Jugend erlebt: Das, was und wie ich es auf dem Teller serviert bekam, erinnerte mich doch sehr an die sonntäglichen Gasthaus-Besuche in den 70er Jahren…

Mag sein, daß das alles stimmt, aber ich habe eine andere Interpretation, und die sagt:

Messerschmitt ist resistent gegen jeden Trend.

So sind Kulinarik-Moden wie die französische Haute-Cuisine mit winzigen Portionen unterhalb der Nachweisgrenze genauso spurlos am Messerschmitt vorbeigezogen wie die Molekular-Küche mit ihren Lüften und Lecithin-Schäumen. Auf seiner Website stellt sich das Restaurant Messerschmitt selbst vor als Weinhaus „voller Patina, Seele und Tradition". Tradition – da fällt mir dieses

Zitat ein: Tradition heißt nicht das Bewahren der Asche, sondern die Weitergabe des Feuers. So, genau so, wünschte ich mir, daß die Messerschmitt-Köche ihr Handwerk verrichten.

Ich habe gut gegessen. Der Saibling war fein, ganz zart und Gott sei Dank nicht totgebrutzelt. Die Graupen als schmelzendes Risotto haben meinem Gaumen geschmeichelt. So soll es sein, denke ich und trinke meinen Wein aus.

Während sich der Magen eine Pause bis zum Dessert verdient hat, lasse ich noch die letzte Episode der jüngsten Geschichte Revue passieren.

Es kam so, wie es kommen mußte: Willy Messerschmitt wurde nach Ende des Zweiten Weltkrieges als Kriegsverbrecher eingestuft. Klar, wie in jedem anderen Industrieunternehmen, das für die Rüstung zuarbeiten mußte, wurden auch in seinen Flugzeugwerken Zwangsarbeiter eingesetzt. Dafür war er wohl gewiß nicht allein verantwortlich, ganz im Gegenteil, blickt man auf diejenigen, die damals das Sagen hatten. Auch muß sich Messerschmitt mit Briefen gegen eine zerstörerische Verteidigung von Bamberg und den KZ-Abtransport von Juden eingesetzt haben, so Quellen aus dem Imperial War Museum in London…

Willy Messerschmitt wurde interniert und kam erst 1948 frei. An Flugzeugbau war aber nicht zu denken. Statt dessen stand der friedliche Wiederaufbau des zerstörten Deutschlands im Vordergrund. Kaum einer kennt seine Verdienste um den Fertighäuserbau oder um die Nähmaschinen-Produktion, die ältere Generation aber kennt sehr genau das Kult-Mobil der Wirtschaftswunderzeit: Der Messerschmitt Kabinenroller. Diesem pfiffigen Dreirad ist es irgendwie gelungen, die einstige Geschichte mit der heutigen Zeit zu versöhnen.

Da kommt mein Nachtisch, ein fluffiges Ziegenkäse-Mousse, zusammen mit den letzten Sonnenstrahlen, die ins Brunnengärtla fallen. Nein, nicht immer war alles Sonnenschein, auch nicht bei den Messerschmitts. Es gab – wie das auch woanders üblich ist – Streitereien um Firmen, Firmennamen und Firmenübernahmen. Ein verworrenes Hin und Her, von dem ich aber gar nichts wissen will. Denn ich sitze da, wo vor mehr als hundert Jahren auch schon die Menschen einzukehren pflegten, wenn sie eine Auszeit von der Hektik des Alltags suchten. Übrigens, keine Sorge: Die Nachfahren wissen das auf ihre Art ebenfalls immer noch zu zelebrieren. Da hinten sehe ich gerade Lydia, die eine Nichte von Willy Messerschmitt, mit ihrem Mann Otto Pschorn und ihrer Tochter Ursula eine Suppe genießen. Und draußen, auf dem Land in Röbersdorf, wird jetzt gewiß Herta, die andere Nichte von Willy, gemeinsam mit ihrem Mann Karl-Heinz Artmann und einem Glas Rotwein in die Sonne blinzeln. Vielleicht erzählen sie gerade Geschichten von früher.

Ja, was für Geschichten, was für eine Geschichte! Aber es gibt sie, die stillen Momente, wenn die Geschichte Pause macht.

Zum Beispiel im Messerschmitt.

Durch Stollen und Katakomben

Im Bauche Bambergs

Oben am Stephansberg, nur einen Steinwurf entfernt vom E.T.A. Hoffmann-Gymnasium:
eine gewöhnliche Hofeinfahrt;
ein paar unspektakuläre Garagentore;
eine unscheinbare Tür.

Doch wenn sich diese Tür öffnet, tun sich Abgründe auf. Abgründe, die in die Unterwelt von Bamberg führen. Hier bin ich verabredet mit dem Katastrophen-Müller. So wird Manfred Müller von seinen Kollegen der Stadtverwaltung Bamberg liebevoll genannt. Das hat seinen Grund, denn ursprünglich war er für den Katastrophenschutz in der Domstadt verantwortlich, und in dieses Ressort fielen auch die Katakomben. Doch halt – soweit sind wir noch nicht. Noch immer stehen wir an der grauen Eisentür, hinter der direkt ein gutes Dutzend Stufen steil nach unten führt. Ein kühler Hauch kommt mir entgegen, als ich hinabsteige. Dann werde ich erst einmal ausgerüstet: Helm und Taschenlampe sind die wichtigsten Begleiter bei der Reise in die Unterwelt. Doch bevor es losgeht, zeigt mir Manfred Müller einen Plan des Stollensystems. Wie eine alte Schatzkarte sieht er aus, mit vielen geheimnisvollen Tunneln und Höhlen und Kammern und Schächten. Dann komme ich aus dem Staunen nicht mehr heraus: Ganze zwölf Kilometer ist die unterirdische Anlage lang! Ehrlich gesagt hatte ich mich nicht auf eine Tagestour unter Tage eingestellt, vielmehr auf eine kleine unbeschwerliche Exkursion von vielleicht eineinhalb Stunden. Keine Sorge, beruhigt mich mein Führer, wir marschieren nur durch zwei Kilometer.

Aber es ist noch immer nicht soweit. Erst gibt es ein bißchen Geschichts- und Erdkundeunterricht. Und das ist gut so, denn sonst würde ich noch länger herumrätseln müssen, warum Bamberg so ausgehöhlt ist wie ein Schweizer Käse. Vor mir stehen drei große Glaskolben mit bröseligem Inhalt. Damit hat alles angefangen, erklärt mir Manfred Müller. Ich scheine etwas begriffsstutzig und so schiebt er nach: Wissen Sie nicht, daß Bamberg auf Sand gebaut ist?

Ja, schon so irgendwie, murmele ich, immerhin gibt es ja auch eine Sandstraße.

Genau, bestätigt mein Experte, das geht schon in die richtige Richtung. Sand war wertvolles Gut und verhalf der Stadt einst, ordentlich Geld zu machen. Bereits im elften Jahrhundert wurde mit der Rohstoffgewinnung begonnen. Sand, Bamberger Sand aus Keupersandstein, das war damals wie Chemie, sogar zum Wäschewaschen wurde er verwendet. Und wie zum Beweis schüttelt Müller das letzte der drei Gläser mit der feinsten der drei Sandproben. Okay, Waschpulver sieht zwar anders aus, denke ich, aber damals gab es eben noch keine Megaperls oder Fleckengels.

Noch immer startet unser Rundgang nicht. Es gibt noch mehr zu erklären. Und so erfahre ich, daß der Sandsteinabbau nur der erste Schritt war, durch den die Stollen entstanden sind. In der zweiten wichtigen Epoche des unterirdischen Tunnelsystems – so um das 16. und 17. Jahrhundert herum – boomte das Brauhandwerk. Unzählige Brauereien wuchsen wie Pilze aus dem Boden, an die 65 müssen es gewesen sein. Und alle mußten ihr Bier irgendwo lagern. Was lag da näher, als die unterirdischen Gänge zu nutzen, durch die sich die Vorfahren im Mittelalter gebuddelt hatten. Eis wurde im Winter von der zugefrorenen Regnitz geschlagen und eingelagert, optimale Bedingungen mit nur acht Grad plus herrschten hier unten bei bis zu 80 Metern Tiefe unterhalb der Stadt.

Acht Grad… die haben wir auch heute noch, denke ich. Und als der passend zu seinen gelben Gummistiefeln in eine dicke gelbe Jacke gehüllte Müller bemerkt, daß ich bereits jetzt leise vor mich hinbibbere, bläst er zum Aufbruch. Wir verlassen den schummrigen Eingangsbereich.

Es wird dunkel.

Wir schalten die Lampen ein.

Unsere erste Etappe ist aber bereits nach der nächsten Biegung zu Ende. Es muffelt nach fauligem Holz, ranzigem Maschinenöl, verrottetem Putzlumpen und altem Eisen. Wir stehen vor riesigen braungrünen Skeletten aus rostigem Stahl: Zeugnisse der dritten wichtigen Epoche in der Vergangenheit der Stollen: ihre Nutzung im Zweiten Weltkrieg.

Auge in Auge bin ich nun mit einer alten Drehbank und einer Zündkerzenprüfmaschine. Bosch, denke ich. Ja, damals wie heute – ohne Bosch kein Bamberg, kein Bamberg ohne Bosch. Immerhin schon seit 125 Jahren drückt der schwäbische Allrounder der Stadt seinen Stempel auf. Und prompt stehe ich vor einer Stanzpresse. Davor ein wackeliger Schemel, nebendran ein vorsintflutlicher Bürostuhl, ein bißchen zur Seite gerückt – so, als wären die Arbeiter gerade zur Frühstückspause aufgestanden.

Müller schaut mich erwartungsvoll an. Als ich nichts sage, erklärt er mir, wie in Kriegszeiten die Produktionsstätten aus dem Werk hierher verlagert wurden. Ich stelle mir vor, wie in dieser unwirklichen Atmosphäre die Arbeitsbedingungen gewesen sein müssen. Ich spüre Gänsehaut – dieses Mal nicht hervorgerufen durch die unwirtlichen unterirdischen Temperaturen.

Plötzlich hält mir Müller etwas vor die Nase:

Na, was ist das? – Irgendwie mag er es, ein Stollen-Quiz mit mir zu spielen. Ich schaue mir das kleine Plastik-Ding an. In der Tat, das Teilchen, das ausschaut wie eine Kreuzung aus Legostein und Zuckerwürfel, kommt mir bekannt vor. Ich wage einen Antwortversuch: Das ist doch eine Lüsterklemme, oder?

Und wissen Sie auch, daß sie von der Firma Wieland bei uns in Bamberg erfunden worden ist?

Nein??

Eins zu null für Müller, denn das war mir in der Tat neu.

Müller wittert Morgenluft und macht weiter mit seinem Ratespiel. Da hinten, na, was ist das? Ich habe Glück: Auch dieses Ding kenne ich, habe es aber seit der Kindheit und diversen Feuerwehrfesten in meinem unterfränkischen Heimatdorf nicht mehr gesehen. Ich mache ein souveränes Gesicht: Das ist eine alte Sirene. – Eins zu eins im Stollen-Rätsel. Müller ist überrascht: Daß Sie das wissen…? Die meisten, die ich hier unten frage, glauben, daß es sich um so einen neumodischen Partypilz mit Gasheizung handelt…

Doch der Hintergrund hat nichts mit Feiern und Fröhlichkeit zu tun: Nachdem zum Schutz vor Bombenangriffen sämtliche kriegswichtige Produktion in die Stollen verlagert wurde, folgte schließlich auch die Evakuierung wichtiger Behörden in die unterirdischen Gänge. Und diese dienten in den letzten beiden Kriegsjahren auch als Luftschutzbunker. Was nur wenig bekannt ist: Es gab mehr als nur einen Bombenabwurf auf Bamberg, es gab auch mehr als nur eine Zerstörung und es gab auch mehr als nur eine Handvoll Toter. Nein – eine heile Welt war Bamberg im Zweiten Weltkrieg nicht, auch wenn immer wieder in den Reiseführern von der Unversehrtheit der Stadt berichtet wird. Gewiß, das Leid, das andere Städte erdulden mußten, ist nicht vergleichbar mit dem, was zwischen 1939 und 1945 in Bamberg passierte. Doch menschliche Schicksale zählen anders: Insgesamt kamen 450 Bamberger ums Leben, darunter starben am 22. Februar 1945 durch einen Luftangriff in den Stollen des Stephansbergs 54 Männer und Frauen. Eine kleine Gedenktafel mahnt uns alle zum Einsatz für den Frieden.

Wir verlassen schließlich die geschichtsträchtige Fabrik im Tunnelraum und wandern hinter den Maschinen in eine dunkle Kaverne. Hier, deutet Manfred Müller nach unten, hier geht's *nunder.* Tatsächlich: Steile Stufen mit hohen Kanten fressen sich talwärts durch den Berg. Wir gehen, nein, wir klettern hinab. Es ist beschwerlich.

Wo führt denn diese Treppe hin, will ich wissen.

Sie endet direkt unten an der Regnitz, hallt die Antwort, unten am Alten Graben 22a. Der Alte Graben, ein spannendes, aber wenig bekanntes Stück Bamberg, denke ich. Wer weiß schon, daß hier früher sogar Wein angebaut wurde. Und wer weiß schon von dem Stollenende dort unten. Von hier konnten möglichst viele Menschen Zuflucht in den unterirdischen Gängen suchen; übrigens – Manfred Müller wendet sich um – nicht nur im

Zweiten Weltkrieg. Auch in der Zeit des Kalten Krieges, vor allem in der gefährlichen Phase der Afghanistan-Krise Anfang der 1980er Jahre waren wir gehalten, eine Möglichkeit zu schaffen, die es uns erlaubte, mit wenigen Handgriffen die ganze Stadt zu evakuieren.

Doch dieses Szenario will ich mir lieber nicht vorstellen.

Wir stiefeln schweigend langsam wieder hinauf und verschwinden in einem der nächsten finsteren Gänge. Dann geht es nach rechts, durch einen engen Tunnel, dann wieder nach links, und nochmals nach links.

Plötzlich packt mich die Angst. Was, wenn auf einmal die Taschenlampe versagt? Schon längst habe ich die Orientierung verloren.

Wo sind wir eigentlich im Moment? Mit dieser Frage, die ich versuche, mit möglichst gleichgültiger Stimme zu formulieren, will ich nur eines: eine systematische Annäherung, ein Bild vom tatsächlichen Wirrwarr der Stollen hinbekommen.

Ungefähr unterhalb des Domes, raunt es von vorn.

Hat sich denn hier noch nie jemand verirrt, frage ich vorsichtig. Müller grinst verschmitzt, nickt bestätigend und gibt im schönsten Bambergerisch zum Besten: *Deä hodd jetz änn Baddschä.* Als ich mir diese arme Kreatur mit einem Batscher, einem ernsthaften psychischen Schaden vorstelle, beschwichtigt Müller sofort: *Abbä deä lebbd fei immä noch.*

Das macht mir Mut. Und so geht es weiter.

Trotzdem – ich will es genauer wissen und so wage ich nochmals die Frage: Jetzt mal im Ernst: Was passiert denn bei großen Führungen, wenn zum Beispiel der letzte der Gruppe zu langsam ist und nicht mitkommt, den Anschluß verliert und sich dabei tatsächlich verläuft?

Und was, wenn mir das passiert??

Müller schaut mich ernst an, sehr ernst: Das ist ganz einfach. Wenn es Sie erwischt, dann setzen Sie sich bitte ganz still hin und knipsen einfach die die Taschenlampe aus. Denn es ist am besten, wenn Sie die Zeit im Dunklen, in der Stille einfach genießen. Und am nächsten Nachmittag ist schon wieder alles vorbei – da kommt nämlich die nächste Führung, und wir finden Sie!

Aha, so einfach ist das.

Ich habe maßlosen Respekt vor meinem Führer und seiner Ortskenntnis. Er braucht keine Karte, keinen Plan. Zielsicher bestimmt er die Route durch den Berg. Hinterher verrät er mir, daß es ungefähr ein Jahr lang dauert, bis man sich blindlings in den Stollen auskennt und jeden Winkel, jede Weggabelung verinnerlicht hat.

Nicht immer war es so einfach, so ungefährlich, sich durch die tiefen, teilweise zweigeschossigen Schlünde 80 Meter unterhalb der Stadt zu bewegen. 1966 stürzte ein Großteil der Stollendecken ein, als Folge der Veränderungen und des massiven Ausbaus im Zweiten Weltkrieg. Lange vergessen, wenig beachtet ruhte dann das Tunnelsystem unter der Erde, bis es schließlich ab 1981 systematisch erforscht und professionell saniert wurde. Daß manche Gewölbe richtig ordentlich und aufgeräumt aussehen, liegt an einer raffinierten Spritzbetontechnik. Doch an vielen Stellen wird deutlich, wo und wie der Zahn der Zeit genagt hat – zwischen den alten Klosterklinkern einer Stützmauer, an trutzigen steinbehauenen Wasserrinnen. Und vor allem an den Decken und Wänden, wo Hammer, Meißel, Stemmeisen und irgendwann dann Preßluftwerkzeuge ihre bizarren Spuren hinterlassen haben.

Plötzlich gruselt mich. Uiij, da hinten, da liegen ja Knochen! Und was für welche! Riesenknochen! Das ist wohl von einem Dinosaurier, entfährt es mir naiv. I wo, meint mein Höhlen-Guide, das ist doch nur der Anton! Weil irgendwie drei Fragezeichen über meinem Kopf zu schweben scheinen, erhalte ich umgehend des Rätsels Lösung:

Der Anton, das war der Vorgänger vom Poldi!

Oh – ein Bär also, hauche ich, mich erinnernd, daß der Poldi der letzte real existierende Burgbär war, der bis 1982 oben in seinem Gehege auf der Altenburg lebte.

Ja, und wieso kommen seine Knochen hierein?

Plötzlich ist der Katastrophen-Müller ein waschechter Event-Manager, lächelt vielwissend, aber gleichzeitig auch ein wenig ausweichend: Ab und zu schütten wir einen Eimer roter Farbe drüber, grinst er verschmitzt, *a wengla* Blut halt. Man muß ja vor allem den Kindern hier herinn' etwas bieten.

Ich bin beeindruckt.

Und wieder stapfe ich hinter den gelben Gummistiefeln her. Sie führen mich durch zwei dunkle verschlungene Gänge, die in größeres Gewölbe münden. Hier, deutet Müller mit seiner Lampe auf den Boden, hier liegen Mamorplatten aus dem Jura. Tatsächlich. Fein säuberlich stoßen akkurat behauene Tafeln exakt aneinander. Wo habe ich so etwas schon einmal gesehen? Genau, in einer Gruft, in einer Grabkammer. Und das ist auch die Erklärung: Unter dem Jura-Marmor befindet sich eine eineinhalb bis zwei Meter hohe Schicht menschlicher Knochen. Der Katastrophen-Müller heißt nicht umsonst so, denn außer über Evakuierungspläne und tote Bären weiß er natürlich auch hier bestens Bescheid: Das sind Massengräber – aus den Zeiten der Pest und Cholera.

Jetzt weiß ich auch, warum die Bamberger Stollen ihren Beinamen Katakomben bekommen haben…

Leise, fast andächtig, verlassen wir diese unterirdischen Grabgewölbe und machen uns auf zu einem neuen Schacht. Viele Holztore sind hier zu sehen, Kellerzugänge von Privathäusern und Brauereien.

Da rumpelt es auf einmal. Ein dumpfer Schlag! Und dann noch einer. Was war das, rufe ich aus.

Sie hören wohl schon Gespenster, neckt mich Müller.

Und dann noch einmal: Rumpeldipumpel. Jetzt hört auch Müller das heftige Gepolter. Dann senkt er seine Stimme. Das, sagt er verschwörerisch und kostet anschließend jedes Wort einzeln aus, das –

das war der Geist vom Zinser. Ganz klar, der Zinser spukt hier herum.

„Der Zinser“ – das war der leider viel zu früh verstorbene Matthias Zinser, ein kauziger, philosophisch ambitionierter Wirt, der gemeinsam mit seiner Kneipe, dem Stöhrenkeller zu einer ernstzunehmenden Bamberger Berühmtheit wurde. Unter uns damaligen Studenten übte seine Kneipe eine magische Anziehungskraft aus. Und das, obwohl der Zinser es einmal sogar fertiggebracht hat, einem unserer Kommilitonen ein vierzehntägiges Lokalverbot zu erteilen, weil er „den Kafka“ nicht kannte… geschweige denn etwas von ihm gelesen hatte.

Ich jedenfalls kann gut mit der Vorstellung leben, daß der Zinser in den Gewölben unter seinem einstigen Wirtshaus am Stephansberg herumspukt und hier seine letzte Unruhe gefunden hat.

Nachdem ich wieder einmal das Gefühl hatte, im Kreis gelaufen zu sein, kommen wir in eine kleine Felsenkapelle. 400 Jahre ist sie alt. Vier Hochzeitspaare haben sich hier unten das Jawort gegeben, berichtet Müller stolz, das ist doch echt mal was anderes.

Na, ich weiß nicht, wende ich ein, Hochzeit – ein Tag in heller Freude, die Braut in strahlendem Weiß, und dann das ganze in einem düsteren Loch?

Müller sieht mich etwas tadelnd an: Aber immerhin hat diese Kapelle der Luggi eingeweiht.

Bitte wer?

Na, der Luggi halt. Der Ludwig Schick. Der Erzbischof. Und schon ist die einstige dunkle Bergwerkskapelle in einen ganz anderen Glanz getaucht.

Es wird Zeit, wieder ans Tageslicht zurückzukehren.

Mir hat's gefallen hier unten, sage ich Manfred Müller.

Mir gefällt's hier auch; mir gefällt's sogar so gut, daß – wenn es nach mir geht – ich bitte hier unten sterben darf, sagt er, nachdenklich und schmunzelnd zugleich.

Und dann setzt er – mit einer ordentlichen Portion Schalk im Nacken nach:

In zehn Jahren, wenn Sie wiederkommen, dann sieht hier alles ganz anders aus. So prophezeit mir der Katastrophen-Müller, und ich befürchte schon allein wegen seines Beinamens das Schlimmste, zum Beispiel Einstürze, Bergverwerfungen oder plattentektonische Verschiebungen.

Aber dann die Erläuterung:

In zehn Jahren, orakelt Müller, gibt es hier unten einen professionellen Stehausschank, McDonald's und Rolltreppen. Auch die Katakomben müssen mit der Zeit gehen.

Doch im Bauche Bambergs habe ich ein gutes Bauchgefühl. Daß es soweit kommen wird, glaube ich nämlich nicht.

Und ich glaube auch zu wissen, daß Manfred Müller es nicht glaubt.

Es wäre ansonsten eine Katastrophe.

* * *

Am Freitag, den 22. Juni 2012 – als dieses Buchkapitel längst geschrieben war – blättere ich beim morgendlichen Kaffee wie gewöhnlich den *EffDee* durch. Auf Seite 11 angekommen, verschlägt es mir den Atem. Unter einem Bild, das Manfred Müller in seiner typischen, gelben Bergmannskluft vor der eisernen Gitterpforte am Eingang zu den Stollen zeigt, lese ich zu meinem Entsetzen die Überschrift:

Das Tor schloß sich für Manfred Müller

Zwei Tage zuvor, am 20. Juni 2012, an einem der längsten und hellsten Tage des Jahres, war es das Dunkel, das Manfred Müller für immer zu sich gerufen hat.

Er erlag völlig unerwartet während einer Führung durch die Katakomben einem Herzinfarkt.

Er wurde nur 69 Jahre alt.

Aber sein Wunsch, in den Stollen sterben zu dürfen, ging in Erfüllung.

Unterwegs im Grenzland

Die Bamberger und ihre westlichen Nachbarn

Über die Mentalität der Oberfranken ist gerade im Vergleich zu ihren Nachbarn schon viel sinniert und geschrieben worden. Sie seien völlig anders als die restlichen Franken, weil sie an einem schwerwiegenden Trauma zu leiden hätten: Mehrfach hat man sie nämlich beraubt:

erstens ihrer Freiheit im unseligen Jahr 1802, als sie zu Beute-Bayern wurden und in den heutigen Freistaat zwangseingemeindet wurden;

zweitens ihrer Steuern, die hauptsächlich im Süden Bayerns „ver(sch)wendet“ werden (so hat es zumindest Heiner Gremer, der Oberfranken-Korrespondent des Bayerischen Rundfunks recherchiert und auf den Punkt gebracht);

drittens ihres Domschatzes, den München heute noch immer nicht an die Bamberger zurückgeben will. Diese dürfen sich aber immerhin eine Kopie anfertigen, allerdings auf eigene Kosten – wie gnädig.

Gewiß trifft die eine oder andere Parallele auch auf die übrigen Franken zu, insbesondere die Tatsache, daß sie sich alle der Obrigkeit in München zu unterwerfen haben. Aber – *fei Obacht.* Der Oberfranke ist doch eine ganz andere Spezies: Kritisch prüfend, genau beobachtend, abwartend, vielleicht sogar abweisend – so wirkt zunächst einmal das Ganze, auch wenn es klischeehaft klingt. Aber genauso habe ich es in Bamberg erlebt. Ich meine sogar, eine bewußt kultivierte Verstocktheit und Ablehnung gegenüber Unbekanntem gespürt zu haben.

Generell gilt: Wie lang der Zustand einer Observierung von Außenstehenden und *Nei'gschlaaften* – den Eingeschleppten, Fremden – dauert, ist ungewiß. Gewiß ist lediglich, daß er Jahre, Jahrzehnte dauern kann. In diesem Zusammenhang habe ich spüren dürfen, daß eine vermeintliche Verschlossenheit der Oberfranken gepaart ist mit einer gewissen Gelassenheit. Heiter und erwartungsfroh ist diese aber nicht. Sondern eher vorsichtig zurückhaltend, ruhig oder besser: in sich ruhend. Ich meine fast, in diesem Wesenszug die Landschaft Oberfrankens zwischen den rauhen Bergzügen des Frankenwaldes und den steilen Felsen der Fränkischen Schweiz zu erkennen. – Irgendwann aber bricht das Eis. Und dann kommt etwas zum Vorschein, das ich nirgendwo sonst so rein und unverfälscht erlebt habe: Für mich sind die Oberfranken die aufrichtigsten, unbestechlichsten, ehrlichsten Franken – einfach *grad an*. Aber bis es dazu kommt, kann das alles ganz schön an den Nerven zerren, vor allem dann, wenn anfängliche oberfränkische Reserviertheit gepaart ist mit kauzig-schroffen Kommentaren in kaum verständlichem Dialekt oder gar kompletter Maulfaulheit – im schlimmsten Fall.

Ganz anders die unmittelbaren Nachbarn im goldenen Westen, die Unterfranken. Die Sonnenverwöhnten, die Red-, Leut- und vor allem Weinseligen. Die Grenze zwischen ihnen und den Oberfranken verläuft nur wenige Kilometer hinter Bamberg – unsichtbar, ohne großes Tamtam. Aber sie ist da. Ich kann sie förmlich spüren, z.B. wenn ich auf der B 22 von Bamberg Richtung Würzburg fahre. Kurz hinter Ebrach, das mir noch würdevoll mit seiner Zisterzienser-Kirche und den barocken Mauern nachwinkt, ist es dann soweit. Über eine bollwerkartige Anhöhe hinweg, dann die kurvenreiche Straße hinab, links und rechts dunkle schweigende Wälder, und plötzlich öffnet sich der Blick in eine lichtdurchflutete Weite, die nichts einengt, auch nicht die sanften Hügel des Steigerwaldes – im Gegenteil. Wellig wie eine frischgewaschene Kuscheldecke liegt das grüne Land zu meinen Füßen, vor mir, unter mir – Unterfranken.

Spätestens dann, wenn ich rechts die Weinberge von Kammerforst und Handthal sehe, weiß ich, daß Oberfranken weit, weit weg ist.

Ebenso drastisch verläuft die Grenze zwischen Oberfranken und Unterfranken, wenn man auf der A 70 von Bamberg in Richtung Schweinfurt unterwegs ist. Regelrecht bedrohlich wirkt das dunkle Loch der Tunnelröhre durch den Schwarzen Berg. Gnadenlos verschluckt er einen. Auch wenn es vielleicht geographisch nicht ganz korrekt ist: Ich fühle mich solange noch in Oberfranken, solange ich den Tunneleingang noch nicht erreicht habe. Danach komme ich mir vor wie am Beginn einer Fahrt durch die Geisterbahn. Erlösend dann der Moment, wenn der Berg mich endlich wieder ausspuckt – mittlerweile im tiefen Unterfranken, kurz vor Haßfurt.

So, wie der Dativ dem Genitiv sein Feind ist, so ungefähr ist das Verhältnis zwischen Bambergern und Haßfurtern. Der Bamberger begegnet dem Haßfurter mit unverhohlenem Mißtrauen. Vor allem im Straßenverkehr. Und erst recht an der Ampel: Wenn dort nämlich der Haßfurter in der Pole-Position steht, kann sich der Bamberger hinter ihm schon mal auf eine längere Wartezeit einstellen. Grün ist nämlich eine gar hübsche Farbe, an der sich der Haßfurter durchaus einige Sekunden erfreuen will, bevor er den ersten Gang und das Gaspedal betätigt. Auch kann der Bamberger bei seinem knappen Parkraum überhaupt nicht verstehen, warum der Haßfurter für seinen kleinen

Ford Fiasko mindestens zwei Parkplätze belegt. Die Bamberger Kommentare von parkplatzsuchenden Anwohnern über das parasitenhafte Autoabstellverhalten der Haßfurter werden hier an dieser Stelle nicht wiedergegeben. – Eines aber ist klar: Sieht ein Bamberger ein Nummernschild mit drei Buchstaben, und sind diese dann auch noch HAS, dann… ja, dann.

Leider muß ich zugeben, daß es mir nicht anders ergeht. Ein aufwühlendes Erlebnis hatte ich – mit einem Fahrzeug mit Bamberger Kennzeichen unterwegs – in Frankreich. Genauer gesagt in Südfrankreich, in der tiefsten Provence: Auf einer winzigen Landstraße, die ohne nennenswerte Hindernisse durch Lavendelfelder führte, plötzlich ein kapitaler Stau. Nach genau einer Stunde und siebzehn Minuten erreichte ich den Ort des Geschehens. Ein Bus hatte mitten in einem Kreisverkehr eine Reifenpanne und blockierte nicht nur beide Spuren, sondern auch alle Zu- und Abfahrten; ein ratloser Fahrer und noch mehr ratlose Insassen besahen sich das Malheur. Als es mir endlich gelang, mich langsam daran vorbeizudrücken, konnte ich nur noch nach Luft japsen: das Kennzeichen – HAS.

Überhaupt – der Haßfurter mischt international ganz schön mit. Kürzlich hatte ich auf einem Langstreckenflug einen netten Small talk mit einer kaffeebraunen Stewardeß. Sie wollte wissen, wo wir in Deutschland daheim seien. Ich fing umständlich an, zu erklären, daß ich irgendwo zwischen München und Frankfurt wohne, im Hinterland von Nürnberg. Wo genau – wollte sie wissen. Als ich ihr die Antwort Bamberg nannte, verdrehte sie verzückt die Augen: *Oh, Bamberg is one of the most beautiful cities of the world!*

Woher konnte sie wissen, daß Bamberg nicht nur eine der schönsten Städte der Welt, sondern die schönste schlechthin ist?

Als ich sie danach fragte, fielen mir die Ohren ab: *I know Bamberg because of my husband* – ich kenne Bamberg durch meinen Mann.

Und dann kam's noch dicker: Wissen Sie, sagte sie, ich bin nämlich seit zwanzig Jahren mit einem Haßfurter verheiratet…

Eigentlich aber glaubt der Bamberger, daß der Haßfurter von Grund auf ein hoffnungsloser Fall ist. Einmal trug sich folgender Zwischenfall zu, den ich wahrheitsgetreu zum Besten geben möchte:

Ein Haßfurter kommt einmal nach längerer Zeit nach Bamberg. Er ist völlig frustriert, weil sich die Bamberger dauernd über ihn lustig machen; schon allein sein Dialekt ist daran schuld. Während der Bamberger ganz edel von *Madla, Brödla* und *Blümla* spricht (wenn er Mädchen, Brötchen und Blümchen meint), verkitscht der Haßfurter diese Begriffe zu *Mädli*, *Brödli* und *Blümli*. Ein Bamberger Passant erbarmt sich seiner und gibt ihm folgenden Ratschlag: Wenn Du als Haßfurter unerkannt bleiben willst, dann sprich doch einfach im Bamberger Dialekt. Also, zum Beispiel, wenn Du in einen

Bäckerladen gehst, verlangst Du nicht drei *Brödli*, sondern einfach drei *Brödla*.

Geniale Idee, sagt der Haßfurter dankend und macht sich auf den Weg. – Kurze Zeit später trifft er den Bamberger Ratgeber wieder, der sofort wissen will: Und, wie war's? Hat's funktioniert?

Der Haßfurter schüttelt traurig den Kopf: Nein, leider nicht.

Ja, warum denn nicht? Was ist denn passiert?

Also, sagt der Haßfurter, ich hab' alles genauso gemacht. Bin in den Laden, hab' Grüß Gott gesagt und drei *Brödla* verlangt.

Ja, und? Ist doch prima, ruft der Bamberger

Der Haßfurter wehrt energisch ab: Die Verkäuferin hat nur mitleidig den Kopf geschüttelt und gefragt: Gell, Sie sind aus Haßfurt. – Wieso, hab' ich gefragt. – Na ja, sagt sie wir sind hier nicht beim Bäcker, sondern im Blumenladen…

Kurz, bevor dieses Buch in Druck gehen sollte, bekam ich plötzlich ein schlechtes Gewissen. Ob wohl die Haßfurter hier im Vergleich zu den Bambergern zu schlecht wegkommen würden? – Ich wollte auf Nummer Sicher gehen und gab einem guten Freund – selbstverständlich gebürtiger Haßfurter – dieses Kapitel zum Lesen.

Und, wollte ich wissen, ist es nicht ein wenig zu Anti-Haßfurterisch? Nein, war seine Antwort, die Haßfurter haben das nicht anders verdient. Und um jede weitere Diskussion zu unterbinden, beendete er seinen Kommentar mit einem schlichten, aber alles aussagenden *Baßt scho!*

Menschenfänger mit drei Buchstaben

PÜD – der Parküberwachungsdienst in Bamberg

Es führte wieder einmal kein Weg dran vorbei: Ich mußte mit dem Auto in die Innenstadt. Nun ist es nicht etwa so, daß ich den Öffentlichen Nahverkehr im allgemeinen und den Bamberger Bus im speziellen nicht mag. Nein, es gibt einfach Momente, in denen es hinten und vorn nicht paßt und in denen es eben nur mit den eigenen vier Rädern geht.

Ich hatte die unglaublich kühne Idee, im Parkhaus Geyerswörth zu parken. Doch schon von fern sah ich unheilvoll das rote BESETZT aufleuchten. Nun gut, dann eben auf ins Getümmel, auf in den

Parkplatzsuchverkehr. Und tatsächlich: Glück gehabt! In der Langen Straße finde ich doch wirklich einen legalen Parkplatz – allerdings gegen Gebühr. Die zahle ich natürlich gern. Und dann ab ins Vergnügen!

Als ich nach gut einer Stunde schwerbepackt an mein Auto komme – zwei Bund Gladiolen unterm Arm, eine Mega-Einkaufstüte, in der ein großer Kochtopf zu mir nach Hause wollte, ein Mantel aus der Reinigung und außerdem noch einige Bücher aus der Unibibliothek – als ich also nach gut einer Stunde so zu meinem Auto komme, klemmt hinter dem Scheibenwischer ein vielsagender Zettel: Liebesgrüße vom PÜD – ein Knöllchen vom Parküberwachungsdienst.

Ich hatte einfach übersehen, daß in der Langen Straße die maximale Parkdauer nur 20 Minuten ist.

So wie mir in diesem Moment ergeht es täglich Abertausenden von Bambergern und Abermillionen von Bamberg-Besuchern, und dies seit dem 1. April 1986. Zur offiziellen Feierstunde im Rathaus anläßlich des 25jährigen Bestehens wurden Zahlen bekannt: Rund 2,6 Millionen Knöllchen wurden „im Dienst für mehr Lebensqualität“ – so die Stadt Bamberg – seither in einem Vierteljahrhundert vergeben. Das sind pro Tag sage und schreibe 285 Strafzettel – also im Schnitt zwölf Strafzettel stündlich. Oder noch besser: Alle fünf Minuten erhält ein Auto in Bamberg einen Gruß vom PÜD, tags wie nachts, im effektiven Drei-Schicht-Betrieb. Sind zehn Euro im Schnitt für einmal Falschparken fällig, dann erwirtschaftet ein einziger PÜDler ungefähr 1.000,-- Euro pro Arbeitstag/Schicht für den Stadtsäckel. Das muß man sich einfach auf der Zunge zergehen lassen.

Ich kann mich nicht des Eindrucks erwehren, daß der PÜD regelrechte Fangprämien für Parksünder erhält. Solch ein Vorwurf wird natürlich von allen Beteiligten fleißig dementiert. Denn angeblich sei er ja nur im Auftrag unterwegs, um für „geregelte Parkverhältnisse in der Innenstadt" zu sorgen und Wild-West-Methoden zu verhindern, so übrigens auch der Oberbürgermeister in der Festrede zum 25jährigen PÜD-Jubiläum.

Im Geiste sehe ich die Szenen aus „Zwölf Uhr mittags" vor mir – High Noon für eine abgelaufene Parkscheibe. Der Stadt-Sheriff ist bereit, mit härtesten Methoden Gesetz und Ordnung wiederherzustellen und die Parklücken-Banditen dingfest zu machen.

Oder höre ich da sogar ganz leise „Spiel mir das Lied vom Tod"? Ja, da sind sie – Mundharmonikatöne um eine Geschichte von Rache und Gier...

Aber genau das soll ja angeblich der PÜD nicht verkörpern.

Wie erklärt sich es aber vor dem Hintergrund ehrenwerter Grundsätze dann, daß ich einmal bestraft werden sollte, weil meine alte ausgeleierte Parkscheibe aus blauer Pappe nicht exakt auf dem Teilstrich von 8:30 Uhr stand, sondern offenbar beim Hineinlegen hinter die Windschutzscheibe leicht verrutschte und so etwas wie 8:45 Uhr anzeigte.

Protestieren zwecklos, ich mußte für eine angeblich falsch eingestellte Parkscheibe zahlen…

Ein anderes Mal hatte ich mehr Glück mit dem Widerstand. Im Hain fand ich abermals einen parkscheibenpflichtigen, aber freien Parkplatz zwischen mehreren Bäumen und noch mehr Fahrzeugen. Allerdings hatte einer der Fahrer offenbar Probleme, hier seinen bulligen Offroader ordentlich zu plazieren. Und obwohl ich nur einen Kleinstwagen fuhr, mußte ich ziemlich zaubern, um ihn zwischen diesem fettwanstigen Fahrzeug und einer Platane einzuparken. Aber es gelang. Der PÜD sah dies anders und stellte mir ein Knöllchen aus. Begründung: Unerlaubtes Parken auf einer Grünfläche.

Wie bitte?

Wo soll ich falsch geparkt haben ???

Ich besah mir das vermeintliche Malheur: Drei der vier Räder meines Wagens fanden sich vorschriftsmäßig in der markierten Parkfläche wieder. Das vierte stand etwas bockbeinig zur Hälfte in einem kleinen, den Baum umzingelnden Kiesbett aus irgendwelchen fehlfarbenen Tuffsteinen. Von Grün keine Spur, geschweige denn von einer GrünFLÄCHE. Nicht mal ein Hälmchen Unkraut hatte sich hierher in diese Vulkangestein-Wüste verirrt…

Ein Beweisfoto von diesem schönen Arrangement war schnell geschossen. Es sprach mich von einer Zahlung irgendwelcher Verwarn- oder Bußgelder frei. Jedenfalls dieses Mal.

Im Jahr 2010 dann endlich die Erlösung: Ein kollektiver Aufschrei der Erleichterung anläßlich einer Mitteilung (offenbar direkt aus dem Rathaus lanciert), die in einem Bamberg-Blog veröffentlicht war: „Der Parküberwachungsdienst der Stadt Bamberg (PÜD) wird aufgelöst. Das gibt die Pressestelle der Stadt Bamberg in einer Mitteilung vom heutigen Donnerstag, 1. April, bekannt. … Ausschlaggebend für die Entscheidung sei eine repräsentative Umfrage des renommierten Meinungsforschungsinstituts Allersbach gewesen, wie es in der Pressemitteilung der Stadt Bamberg heißt. So habe die Studie, bei der die Beliebtheit des PÜD im Zeitraum von drei Monaten unter 10.000 Bambergern ermittelt wurde, ‚erschreckende Resultate ausgewiesen'. … Das Ergebnis: Auf einer Beliebtheitsskala im Schulnoten-Schnitt von 1 (sehr beliebt) bis 6 (absolut unbeliebt) habe der PÜD einen Durchschnittswert von 5,8 erhalten. Lediglich Satan und die Band Tokyo Hotel hätten bei der Umfrage schlechter abgeschnitten. Aufgrund dieser katastrophalen Image-Werte habe sich das Ordnungsamt dazu entschlossen, den PÜD mit Wirkung zum heutigen Donnerstag, 1. April, aufzulösen. … Um das bislang zu Unrecht schlechte Image des PÜD zu verbessern, werde man die Abteilung auflösen. ‚Die Mitarbeiter sollen zukünftig bei anderen Projekten eingesetzt werden, die zu einem besseren Ansehen beitragen. Der zukünftige Einsatzbereich ist vielfältig', heißt es in dem Schreiben. …"

Wahr ist zwar, daß an einem ersten April im Jahr 1986 der PÜD hochoffiziell seine gefährliche Mission in Bamberg aufnahm, falsch ist aber an der Meldung nicht nur das Meinungsforschungsinstitut am falschen Ort *Allers*bach oder das Ypsilon im Band-Namen, sondern auch das Aus für den PÜD.

Es war der erste April und alle an diesem Tag ausgestellten Strafzettel waren alles andere als ein Aprilscherz.

Ja, mit dem Image der 22 PÜD-Mitarbeiter ist es nun wirklich nicht zum Besten bestellt. Im ZOB – nicht etwas dem Zentralen Omnibusbahnhof, sondern dem „Zentralorgan für Bamberg Stadt & Land" – zählt einer von ihnen sogar zu den hundert nervigsten Bambergern, der es angeblich wie ein Stalker auf immer die gleiche Parksünderin abgesehen haben soll.

Ich will aber jetzt doch noch eine Lanze für den PÜD brechen: An einem grauen feuchten Vorfrühlingstag hatte ich von meinem Lieferanten, einer kleinen Druckerei in der Hauptwachstraße, eine Menge bedrucktes und gebundenes Papier abzuholen; insgesamt 25 Studienbände à 300 Seiten durften feinsäuberlich gestapelt im Kofferraum und auf dem Beifahrersitz in mein Büro in die Ottostraße fahren. Auch hier ist der Parkraum knapp. Zwar gibt es einige legale Parkplätze direkt vor dem Haus, und dies auch noch völlig auflagenfrei – aber eher werden künftig kerzengerade Bamberger Hörnla gebacken, als daß ich hier einen freien Platz für mich finde… So stellte ich mich in meiner Not auf die andere Seite auf einen lizenzierten Anwohnerplatz – dahin, wo ich nach dem strengen Gesetz der Straße nichts zu suchen hatte.

Es kam so, wie es kommen mußte.

Von weitem schon drohte dunkelblaues Unheil – ein PÜDler steuerte zielsicher auf mich zu. Da kam mir Petrus zu Hilfe und schickte einige schwere Regentropfen nach unten. Bevor der Parkwächter – er möchte aus persönlichen und dienstlichen Gründen lieber anonym bleiben – auch nur mit der Wimper zucken und sein Strafzettelgerät zücken konnte, winkte ich ihn mit dem honigsüßesten Lächeln, das angesichts der Lage noch möglich war, zu mir heran:

„Grüß Gott, Sie wollen heute doch gewiß Held des Tages werden, oder?" –

„Äh, wie jetzt?"

„Na, Sie wissen schon: Jeden Tag eine gute Tat!"

Und ehe er sich versah, drückte ich ihm zwei schwere Kartons mit Druckwaren in die Hand, mit der Bemerkung: „Wir müssen uns beeilen. Es fängt gleich heftig an zu regnen."

Bevor der erste Guß herniederprasselte, war sämtliches Papier im Haus – und ich wieder im Auto. Und wie könnte es anders sein, so schnell, wie nur möglich, ab in die Tiefgarage.

Was aus meinem freundlichen Helfer geworden ist, weiß ich nicht.

Ich sah ihn aber am nächsten Tag wieder und machte vorsichtshalber einen großen Bogen um ihn, denn er war natürlich wie immer fleißig bei der Arbeit.

Unn zwoa wechä dennä Bladdn

Besondere Begegnungen

Eines meiner *Best of Bamberg* ist die Sache mit den Platten. Nicht etwa Käseplatten (*Kääsbladdn*) oder Langspielplatten (*Langschbielbladdn*).

Sondern *Beddongbladdn.* Die sind in Bamberg ein echter Spaßfaktor.

Ja, genau.

Betonplatten.

Und zwar nicht irgendwelche, sondern gebrauchte Second-Hand-Teile, frei Haus zur kostenlosen Selbstabholung in der „Fundgrube“ des *Eff-Deeh* angeboten. Das Inserat ist samt seinen schwerwiegenden Konsequenzen eigentlich vergnügungssteuerpflichtig, denn folgendes spielt sich dann mit zuverlässiger Regelmäßigkeit ab. Ich habe es mehrfach ausprobiert.

Als wir beschlossen, rund ums Haus zu renovieren, war es das erste Mal soweit. Fast 100 Quadratmeter häßlichster Terrassenplatten mußten weg, eine professionelle Entsorgung war uns zu aufwendig und zu teuer. Und schließlich waren die Betondinger in unsäglichen Fehlfarben, von einem kräftigen Schlammbraun über Tarnbeige bis hin zu einem verwaschenen Rot, doch noch für irgend jemanden nützlich, oder?

Das Inserat war schnell aufgegeben, die neuen schlichten Granitfliesen waren schon gekauft, der Handwerker, der sie verlegen sollte, scharrte bereits mit den Hufen.

Der erste Anrufer erreichte uns um 6:23 Uhr, noch im Schlaf:

„Unn zwoa wechä dennä Bladdn…“

„Guten Morgen, wer spricht denn da?“

„Wo isna des?“

„Hallo? Was wollen Sie??“

„Wechä dem Zeuch, im FeeDeeh.“

„Ach so, die Anzeige. Ja, wir haben Betonplatten annonciert.“

„Wo isna des?“

„Äh, in Bamberg – warum?“

„Naa, des basst fei ned.“

…

Sprach's und hängte auf, noch bevor ich Namen und Rückrufnummer notieren konnte. Abgesehen davon, daß mein Anrufer lieber anonym bleiben wollte, hatte ich auch gar keine Zeit dazu, denn nur einen Atemzug später klingelte schon wieder das Telefon. Bis auf einen heiseren Raucherhusten, der auf der anderen Seite immer wieder die Leitung fast zusammenbrechen ließ, lief das Gespräch genau nach dem gleichen Raster ab.

Es war einfach zu früh, um mir darüber Gedanken zu machen. Ich ging ins Bad, verhalten optimistisch, daß bei dem Andrang bis zum Abend die Platten einen neuen Besitzer finden würden.

Ich war gerade dabei, die Dusche zu verlassen, schon klingelte es wieder. Ich stolperte unbeholfen über den rutschigen Badvorleger ans Telefon und sah auf dem Display: zwei Anrufe in Abwesenheit. Den dritten, den ich nun tropfnaß entgegennehmen sollte, ließ ich dann lieber ins Leere laufen.

Für kommende Interessenten wollte ich einfach besser gewappnet sein.

Ich bereitete mir also auf einem Block entsprechende Spalten für Namen, Rückrufnummer und Uhrzeit einer eventuellen Platten-Begutachtung vor. Nach etwa einer knappen Stunde war die Seite voll. Ich hatte zwölf potentielle Platten-Abnehmer notiert. Und stets klang es so, als hätten alle offenbar den gleichen Kurs bei einem Telefon-Training für eine Platten-Beschaffungs-Hotline absolviert:

„Unn zwoa wechä dennä Bladdn…“

„Ja?“

„Wo isna des?“

„In Bamberg.“

„Wo na doo?“

„Im Berggebiet."

„Aaah sooo."

...

Ungefähr zwei Drittel aller Anrufer beendeten danach das Gespräch. Das Telefonat hatte wohl seinen Zweck erfüllt. Sie hatten ihren Wissensdurst gestillt. Sie wussten nun, daß bzw. wo es in Bamberg kostenlos gebrauchte Betonplatten gibt, für den Fall der Fälle.

Aber eines stand auch fest: Meine Platten waren noch immer da – auch am Nachmittag, denn der erste Interessent erschien einfach nicht, dem zweiten waren sie zu groß, dem dritten zu klein, dem vierten zu viele, dem fünften zu wenige – und so weiter und so fort.

Also begann ich wieder, neue Telefonate entgegenzunehmen:

„Unn zwoa wechä dennä Bladdn..."

„Ja?"

„Wo isna des?"

...

Nachdem ich mir dieselbe Leier wieder etliche Male angehört hatte, kam mir eine Idee:

„Unn zwoa wechä dennä Bladdn..."

„Ja – die sind noch da, und zwar in BAMBERG, im BERGGEBIET."

„Unn welcha Farbn?"

„Na, so rotbraun."

„Also, a wengla derrakodda. Des bassäd fei arch guud nei in mein Gaddn."

In den hellen Abendstunden des lauen Bamberger Frühsommers fanden dann schließlich ein grosser Anhänger samt Pkw und Fahrer, dessen Sohn, ein Onkel und Schwiegervater den Weg zu uns. Zu viert machten sie sich an das Abräumen der Platten und beluden sorgsam das Gefährt.

„Und, zufrieden?“, fragte ich. – „Ja,“ meinten sie, Bamberg Berggebiet sei zwar doch ein ganzes Stück von Forchheim entfernt, aber *wechä dennä Bladdn* hätt’s sich wirklich gelohnt. Und wenn ich wieder mal welche zu verschenken hätte – sie schauten erwartungsvoll auf die noch vorhandenen rotbraun gepflasterten Wege rund um unser Haus, dann sollte ich einfach anrufen.

Umständlich nestelte der eine etwas aus einem verknitterten Beutel.

„Da steht die Telefonnummer drauf“, sagte er und deutete auf ein Etikett, welches offenkundig eine Schnapsflasche zierte, die er mir in die Hand drückte.

„Mirabelle, selbstgebrannt, für geschenkt, *wechä dennä Bladdn* – zum Wohl und *Adela!*“

Ein Jahr später war es dann tatsächlich wieder soweit. Nachdem die Terrasse mittlerweile im dezenten Granitgrau erstrahlte, sollten sämtliche Zuwegungen sowie der gesamte Eingangsbereich ebenfalls angehübscht werden. Wir hatten also wieder unser Betonplatten-Thema.

Der Mirabellen-Geist war zwar längst ausgetrunken, aber wir hatten es nicht versäumt, die doch so wichtige Telefonnummer sauber zu dokumentieren. Doch leider: Wann wir auch anriefen, so oft wir auch durchwählten – keiner daheim.

Also denn: Auf ein Neues!

Mittlerweile hatte zwar der Chefredakteur im *EffDeeh* gewechselt, aber wie gut, daß es für Kleinanzeigen noch immer die wöchentliche „Fundgrube“ gab. Dieses Mal war ich ja – aus Erfahrung klug geworden – vorgewarnt. Ich schaltete mein Telefon erst um *Ochda*, um 8:00 Uhr, ein. Aber das Display maulte mich schon beleidigt an: Sechs Anrufe in Abwesenheit, davon fünf mit Rufnummer unbekannt. Den sechsten versuchte ich sogleich mit einem Rückruf dingfest zu machen, aber er meinte, es hätte sich schon erledigt.

Also gut.

Danach war es eine Stunde lang verdächtig still. Doch so gegen neun, halb zehn – es war wohl die Frühstückspause bei *die Bosch*, die offenbar von der Zeitungslektüre dominiert war – ging es wieder los. Im vertrauten Stil:

„Unn zwoa wechä dennä Bladdn…“
„Ja?“
„Wo isna des?“
…

Das Ritual gefiel mir mittlerweile so gut, daß ich es mir auf jeden Fall noch den gesamten Vormittag anhören wollte. Einfach so.

Als ich gerade das Mittagessen zubereitete, abermals ein neuer Anruf, der mich zunächst völlig aus dem Konzept brachte, aber dann in fast vertrauten Bahnen verlief:

„Grrrrüüüüß Goddla – sinn Eura Bladdn noch doo?“
„Ja – in BAMBERG, im BERGGEBIET.“
„Welcha Farbn?“
„So ähnlich wie terrakotta.“
„???“
„Na, so rotbraun halt.“
„Des bassäd fei arch guud nei in mein Gaddn!“

In den hellen Abendstunden des lauen Bamberger Frühsommers gab es dann schließlich Aufruhr in unserer Straße: Zur Freude sämtlicher Nachbarskinder kam ein riesiger Trekker bei uns vorgefahren, mit einem überdimensionierten Anhänger. Wie von einem Kutschbock sprangen drei Männer – und eine Frau. Die hatte, das merkte ich schnell, das gewisse Etwas an sich und wußte genau, was sie will. Sie hatte nicht nur eine Spitzhacke in der Hand, sondern offenbar auch die Hosen an. Unternehmungslustig, aber auch ein bißchen gefährlich dreinblickend, schwang sie ihr Werkzeug. Und ehe wir uns versahen, hatte sie fein säuberlich die Platten vom Untergrund gelockert und trieb dann die Männer zum Verladen an.

Noch bevor ich den vier ein Bier anbieten konnte, hockten sie bereits wieder auf: *„Miä sann doch fei scho fäddich. Miä foarn schnell widdä hamm.“*

Ich war neugierig. „Wo kommt denn Ihr her?“, wollte ich wissen.

„Aus Königsfeld“, lautete die Antwort.

„Oh Heiliches na“, entfuhr es mir, „das ist ja schon fast mitten in der *Fränggischn.*“

Und insgeheim dachte ich darüber nach, wie lang wohl eine Fahrt mit einem vollbeladenen Trekker im Schneckentempo in die Fränkische Schweiz dauern würde… Endlos würde die Reise dorthin sein, endlos die Autoschlange, die sich geduldig hinter dem Traktor einzureihen hatte. Endlos lange Geduldsproben, bis sich endlich eine Lücke zum Überholen ergeben würde. Und endlos ärgerlich das Ganze für die Motorradfahrer, die ja nichts mehr ersehnen als eine freie genußvolle Fahrt durch das kurvenreiche Wiesenttal.

Aber dann: „*Hold amol*“, rief die Frau einem der Männer zu.

Umständlich nestelte der eine etwas aus einem verknitterten Beutel.

„Wenn Ihr mal wieder *Beddongbladdn* zu verschenken habt – einfach anrufen! Da steht die Telefonnummer drauf“, sagte er und deutete auf ein Etikett, welches eine goldglänzende Metallbüchse zierte, wie die Metzger sie üblicherweise für Hausmacher Wurst hernehmen.

„Dosenfleisch, selbstgeschlachtet, für geschenkt, *wechä dennä Bladdn* – Mahlzeit, *an Guudn* und *Adela!*“

Die Hausmacher Wurst habe ich inzwischen gegessen. Sie hat – wie könnte es anders sein? – mindestens genauso gut geschmeckt wie der Mirabellenschnaps.

Die Dose habe ich weggeworfen, das Etikett auch. Denn ich erklärte unser Betonplatten-Projekt für beendet.

Und selbst dann, wenn ein neues drohen sollte – *wechä dennä Bladdn* wollte ich unbedingt wieder meine mir so vertraute Telefonschleife anhören, neue Freunde aus dem Bamberger Umland kennenlernen – und deren deftige selbstgemachte Spezialitäten sowieso.

Ein Hauen und Stechen

Auf der Sandkerwa

Gleißende Sommersonne. Der Himmel ist weiß vor Hitze. Wie Softeis tropft der Nachmittag in die Altstadt. Es ist ein schwüler Donnerstag im August.

Seit Wochen grassiert wieder dieses unheilbare, ansteckende Fieber in Bamberg: das Kirchweih-Fieber. Alle haben diese glasigen Augen, wenn sie von *der Sandkerwa* sprechen, von der fünften Jahreszeit Bambergs. Alle haben dieses Zittern in der Stimme, das diesen merkwürdigen Erregungszustand mit erhöhter Adrenalin-Ausschüttung kennzeichnet.

Ich gebe zu: Ich war jahrelang immun. Keine Ansteckungsgefahr. Der Sandkerwa-Virus konnte mich nicht infizieren. Ich nahm die Sandkerwa hin wie eine unvermeidliche gewöhnliche Grippewelle, die kommt und geht, geht und kommt und dann irgendwann einfach wieder vorbei ist.

Dem schrecklichen Gedränge durch die Sandstraße konnte ich nichts abgewinnen, dem Schaulaufen entlang der Popcorn-Stände, Stehimbisse und Bespaßungsbuden ebenso wenig wie dem anlaßbedingten, überheftigen Bierkonsum.

Das war einmal.

Denn mittlerweile erwischt es auch mich einmal jährlich…

Allerdings begebe ich mich nach wie vor nicht in den allabendlichen Festbetrieb mit seinem Hauen und Stechen um jeden Quadratzentimeter Platz. Mich interessiert nur das Hauen und Stechen auf der Regnitz: das Fischerstechen. Der traditionelle Kampf der Fischerzünfte, den es seit einem halben Jahrhundert in Bamberg gibt.

Das Ufer am Leinritt ist bereits schwarz vor Menschen, Obere Brücke, Untere Brücke und Markusbrücke sind Zuschauertribünen. Ich lächle mitleidig. Das darf ich auch, denn heute zähle ich ausnahmsweise mal zu den Privilegierten unserer Stadt. Ich habe nämlich zur Fischerstechen-Schau eine VIP-Einladung nach Klein-Venedig erhalten. Der Ort des Geschehens ist kein geringerer als die geschichtsträchtige Plattnergasse 3, die ehemalige Weinstube Messerschmitt. Hier, genauer gesagt, im

Dachgeschoß, lädt uns heute Christel zu ihrem Tag der offenen Tür ein. Christel ist Malerin, der Tag der offenen Tür ist aber nicht ihren Kunstwerken gewidmet. Doch immerhin: Etliche Kühe werden von Leinwand und Staffelei mit uns zuschauen. Denn auch das Atelier von Christel ist Teil der VIP-Loge.

Drei schnuckelige Dachgauben sind es, in denen wir uns gleich niederlassen. Mit bestem, nein, mit allerbestem Blick auf das Spektakel, direkt vis-à-vis der Flußbühne. Hier werden gleich die Kampfrichter, der Moderator, diverse Vertreter der Stadt Bamberg, der Oberaufpasser vom Ordnungsamt und auch einige Bierkästen Platz nehmen. Wie gut, daß Christel ihr Opernglas zur genauen Inspektion bereithält. Wir sehen: Die Männerquote ist hoch, aber die Frauenquote ist auch okay – neben der Stammgästin und Staatssekretärin Melanie Huml kommen auch Ulrike Heucken, die Geschäftsführerin der Sandkerwa-GmbH und Bürgervereinsvorsitzende Gisela Bosch und schließlich das Sandmadla, Maskottchen und Dirndl-Werbegag einer Trachtenstube in einem.

Aber – uns sind es immer noch zu wenig Frauen, wenn es ums Hauen und Stechen auf der Regnitz geht. Das können wir nämlich auch ganz gut, denken wir, auch ohne Zickenalarm. Und deswegen haben wir beschlossen, das diesjährige Fischerstechen genau unter die Lupe zu nehmen, ob es nicht ein Vorbild für eine zukünftige weibliche Variante sein kann…

Fabelhafte Frauen am Fluß!

Christel hat schon alles perfekt vorbereitet, statt Bier gibt es natürlich Prosecco, statt Zuckerwatte warten Petit Fours, statt der obligatorischen Bratwürste bringe ich Lachshäppchen mit. Wer nicht genießen kann, wird ungenießbar, grüßt die eintreffende Bettina, spart sich das Grüß Gott und schiebt sich gleich eines der Leckerlis in den Mund. Fränkisch-femininer Lifestyle.

Dann endlich *action*! Schon von weitem hören wir das durchdringende DschingderassaBumm und das UfftataUfftata der Blaskapelle. Wir hängen uns weit aus den Fenstern! Ja, wo sind die denn, ruft nun auch die dazugekommene Christine, schnappt sich ein weißblaues Fähnchen der Hausbeflaggung und wedelt heftig.

Ich will aber fränkische Fähnla, mault Bettina, keine bayerischen. Christel macht sie mit einem Happs Lachs mundtot. Fränkische Farben, die kommen schon von allein, nämlich auf den rot-weiß-gestreiften Beinkleidern der Bamberger Fischerstecher, die unter unseren Entzückungsschreien hinter der Blaskapelle einmarschieren.

Die sehen ja aus wie die Schweizergarde, ruft es aus dem einen Fenster. Blödsinn, meldet sich das andere Fenster, die tragen keine Hellebarden, sondern höchstens übergroße Streichhölzer.

Und in der Tat: Martialisch sehen die Lanzen der Fischerstecher kaum aus, sondern wirken wie harmlose Stöcke mit einem kleinen roten Köpfchen.

Jetzt kann es ja wohl endlich losgehen. Halt, so schnell schießen die Preußen nicht, erst sind nämlich die Bamberger dran. Mit einem ohrenbetäubenden Salut aus ihren historischen Feuerwaffen machen die Eröffnungsschützen so richtig Krawall. Dann geht es weitaus gemächlicher zu. Der Max Kropf geht schon mal ans Mikrophon, um uns gleich mit seiner Moderation einzulullen. Als allererstes ermahnt er uns in seiner Begrüßung, auch ein Festabzeichen zu kaufen. Die kleine Plakette an einer Schlaufe, die man so fesch um einen Knopf, einen Träger, einen Handtaschenriemen schlingen kann, ist das einzige wirklich echte autorisierte Erkennungszeichen der eingeschworenen Sandkerwa-Gemeinde.

Ich habe heuer noch keines.

Jetzt kommt Bewegung aufs Wasser. Unter uns, direkt am Ufer hinter einer lauschigen Hecke aus Spalierobst, krabbeln quietschige Teenage-Girlies und anderes weibliches Jungvolk auf einen Kahn, um von dort aus ihre Idole anfeuern zu können. Hier paßt die Frauenquote auf jeden Fall.

Dann müssen die Schelche klargemacht werden. Es sind schlanke, offene Kähne – mit einer Besonderheit. Vorn am Bug ist ein kleines, nur 50 x 50 cm großes Holzpodest angebracht. Hier, und nur hier, ist der Platz des Fischerstechers. Der aber ist nicht allein in seinem Boot. Hinten sitzt der – ja, wie heißt *der* eigentlich im Fachbegriff? Ich weiß es nicht, die anderen Mädels wissen es auch nicht.

Jedenfalls sitzt hinten ein gestandenes Mannsbild, das rudern und paddeln muß, so daß die gegnerischen Schelche auch gleichauf sind, wenn gekämpft wird. Aber ist das nicht schon mehr als der eigentliche Kampf, bei dieser Strömung?

Da kommen sie auch schon, die kernigen Helden. Wie die Fischerstecher, so sind auch ihre Fahrer fast ausnahmslos aus der Unteren Schiffer- und Fischerzunft.

Gibt es auch eine Obere Schiffer- und Fischerzunft, frage ich mich. Oh ja, erfahre ich später. Sie war verantwortlich für alles, was sich flußaufwärts der Mühlen am Mühlwörth abspielte. Da gab es die Fähre am Wasserschloß Concordia und sogar das Recht, Personen und Güter bis nach Forchheim zu transportieren. Aber irgendwann kam dann das Buger Wehr. Und es war aus für die Obere Schiffer- und Fischerzunft. 1965 löste sie sich auf. Doch unten, am Kranen, in der Kapuzinerstraße, in Klein-Venedig ging es für die Untere Schiffer- und Fischerzunft weiter. Die Fischrechte mußten bewirtschaftet werden und Anglerkarten waren auszugeben. Und natürlich hat sich die alte Rangschiffer-Dynastie um die Familie Kropf eine kleine Regnitz-Flotte aufgebaut, um Tages- und Rundfahrten zu organisieren.

Mittlerweile haben die Schelchfahrer – aha, *so* heißt also der dahinten im Boot – ihre Position eingenommen. Einer von ihnen, der Rainer, der hat mir letztes Jahr schon imponiert, nicht nur wegen seiner Schlagkraft, sondern auch wegen seiner Leibesfülle. Ob er noch ein wenig zugelegt hat gegenüber dem Vorjahr? Ob er vielleicht gar von dem illustren Vorfahr namens Johannes Kropf abstammt, der den Spitznamen Klößschnapper trug?

Egal, er scheint offenbar das Leben zu genießen und wird jetzt als ruhender Pol dem Schelch zu Masse und Stabilität verhelfen.

Es bleibt keine Zeit mehr zum Sinnieren, jetzt beginnt der Wettkampf: Vier Schelche treten an; zwei gegen zwei, parallel gegeneinander. Dann wieder zwei mal zwei und so weiter und so fort…

Und es ist eigentlich alles so wie immer; während wir versuchen, zwischen Secco und Schnittchen die wirklich wichtigen Szenen der Kämpfe zu erhaschen, herrscht da auf dem Wasser das übliche

Knuffen und Buffen,
Stolpern und Straucheln,
Hangeln und Fuchteln,
Hauen und Stechen.

Dramatisch! So auch der heranziehende Gewitterhimmel über Gaustadt. Moderator Max sieht sich verpflichtet, zwischendrin die Wettervorhersage zu übernehmen: *Fei Obacht, do drobm, do sinn scho a weng schwadsä Wolgn.*

Trotz Platzregen kommt er immer mehr in Fahrt, nicht nur, weil er selbst im Trockenen ist, sondern weil die Bamberger Kämpfer reihenweise ihre Gegner baden schicken. Einer von ihnen hat es Max besonders angetan, *dä Renaddo* – Renato in feuerroten Hosen, ein Mitglied der Nürnberger Fischerzunft, deren Kampfteam sich kaum verständlich die *Bengerts Raddzn* nennt. Doch auch er wird vom Schelch-Podest in die Regnitz befördert. Allerdings ganz schön unsanft, mit schmerzverzerrtem Gesicht, was zu einer Ermahnung führt:

Ned so arch büggn und undn neibumbn!

Also – immer schön aufrecht und ja nicht unter die Gürtellinie stoßen.

Wir Zuschauerinnen aus der Gauben-Loge in Klein-Venedig stöhnen mitleidsvoll auf.

Wird Zeit, daß es endlich mal ein Fischer*innen*stechen gibt, meint Christel, da würden solche Fouls nicht stattfinden.

Oh ja, kommt ein Aufschrei des Entzückens und sofort begeben wir Damen uns in Position. – Wir können das auch!

Aber – was ziehen wir dann an? Nein, keine rotweißgestreiften Hosen, so wie die Bamberger Fischerstecher, oder?

Nein, wir kämpfen im Dirndl, ruft Christine und es folgt ein heftiges Plädoyer für das Traditionsgewand. Danach das übliche Für und Wider, ob man bzw. frau in Franken eine an sich bayerische Tracht überhaupt tragen dürfe. Wir einigen uns auf einen Kompromiß – das fränkische Dirndl mit rotweißkarierter Schürze. Die hellblaue Variante vom Sandmadla hat uns nämlich nicht völlig überzeugt.

Platsch, wieder landet einer im Wasser.

Wir könnten ein weibliches Fischerstechen auch mit dem Dirndlfliegen verbinden, kommt ein Vorschlag aus dem Hintergrund. Bitte was?

Wer in die Regnitz gestoßen wird, soll noch vor dem feuchten Abgang versuchen, eine hübsche Flugfigur darzubieten, die dann mit einer B-Note für den künstlerischen Ausdruck bewertet wird.

Jetzt ist aber gut, oder? Unsere Phantasie kennt keine Grenzen. Bevor sie mit uns durchgeht, kündigt Moderator Max das Finale an:

Regnitz gegen Schliersee!
Dominik Kropf gegen Hans Angerer!
Oh, flötet es, der Mann mit dem Apfelpo!

Genau der, der letztes Jahr auch schon ins Finale kam, hüpft nun schneidig in seiner Krachledernen aufs Podest. Da steht er dann – wie in Beton gegossen. Sein Widersacher scheint zunächst viel wackeliger und unsicherer. Das Publikum verstummt gebannt. Es ist plötzlich ruhig, viel zu ruhig. Moderator Max fordert energisch Unterstützung und Anfeuerungsrufe ein.

Ich rufe: Attacke!
Nichts passiert unten auf dem Fluß.
Bettina sagt: Du, die verstehen Dich nicht.
Ich also noch einmal: *Addagge!!!*

Und siehe da: Es scheint tatsächlich so, als würde der oberfränkische Zungenschlag einen deutlich wahrnehmbaren Motivationsschub bewirken. Es nimmt wieder zu, das
Knuffen und Buffen,
Stolpern und Straucheln,
Hangeln und Fuchteln,
Hauen und Stechen.

Doch ohne Ergebnis. Zehn Minuten sind schon vorbei, eigentlich Deadline, um gemäß den Richtlinien den Kampf abzubrechen. Doch keine Schwächen, keine Ausrutscher. Wie – und vor allem wann – soll das bloß enden?

Wir geben nun alles, johlen, pfeifen, schreien, klatschen, und dann das Ganze noch mal von vorn.

Irgendwann ist es endlich soweit, der Apfelpo landet in der Regnitz, der Gewinner anschließend auch. Den nämlich stößt aus lauter Freude der Schelchfahrer, sein eigener Vater, ins Wasser.

Eigentlich werden alle naß. Denn von oben kommt schon die nächste Dusche. Eine Herde von Regenschirmen verläßt den Leinritt, sucht Schutz in den Festzelten. Vergebens. Selbst wir werden berieselt, durch heftige Böen mit Gewittergüssen, die durchs Fenster wehen. Und durch ein letztes Aufbäumen von Moderator Max. Er läßt sich nicht aus seinem Ansprachen-Rhythmus bringen und kündigt mit viel Getöse das abschließende Salut-Schießen an.

Der Pulverdampf vermischt sich mit der Regengischt. Die Schauer nehmen zu. Die Regnitz wirkt aufgewühlt. Wir auch.

Noch mehr Regen.

Oder sollten wir uns Dirndl aus Neopren schneidern lassen?

Eines steht fest: Das diesjährige Fischerstechen ist vorbei. Irgendwie war alles wie immer. Mit einer Ausnahme. Wir haben soeben ein Festkommitee für ein weibliches Fischerstechen ins Leben gerufen.

Ob wir den *EffDeeh*, bzw. einen geeigneten Reporter vom Fränkischen Tag über unser Vorhaben informieren sollen? Ach, lieber nicht…

Oder sollen wir uns in die Dynastie der Kropfs einschleichen oder gar einheiraten, damit uns wenigstens der Name als Markenzeichen eine gewisse

Portion Vorschußlorbeeren sichert? Ach, lieber auch nicht…

Oder sollen wir zur Gleichstellungsbeauftragten gehen und gegen Diskriminierung klagen? Nein, klingt zu anstrengend….

Oder sollen wir uns erst mal den alten Heimatfilm über die Fischerin vom Bodensee anschauen, um genügend Anregungen für die Gründung einer weiblichen Schiffer- und Fischerzunft zu erhalten?

Ja, schon eher…

Auf jeden Fall gilt: Nach dem Fischerstechen ist vor dem Fischerstechen.

Also – nächstes Jahr wird alles anders.

Oder übernächstes Jahr.

Oder überübernächstes…

Lideradurzeuch

Streifzüge durch die Bamberger Volksseele

Irgendwann kommt es daher, das kleine, aber schlechte Gewissen. Es nistet sich penetrant neben dem inneren Schweinehund in meinem Hinterkopf ein und tadelt mit einer abgewandelten Gretchenfrage: Wie hältst Du es derzeit mit der Kultur?

Nun ja, antworte ich dem schlechten Gewissen, ich bin momentan *a weng* faul; es ist ja auch derzeit kalter Winter, da bleib' ich lieber zu Haus.

Schäm Dich was: Du wohnst in Bamberg, einer Stadt des Weltkulturerbes! Welt und Kultur – und das auch noch vereint, alles in Bamberg.

Ich greine still vor mich hin.

Das schlechte Gewissen gibt nicht nach: Kümmere Dich also schleunigst mal wieder um Kultur – Weltkultur muß es ja gar nicht gleich sein. Bleib bodenständig, so richtig *bambärcherisch* eben.

Das bringt mich auf eine Idee.

Es ist Zeit für eine ganz spezielle Aufführung des Brentano Theaters.

Das Brentano Theater ist alles andere als ein Theater im herkömmlichen Sinne. Es gibt kein großes Haus, keine klassische Bühne, keinen Orchestergraben, kein mondänes Foyer, keine Sektpausen. Und Logen sowieso nicht. Es hat eher Studio-Charakter. Nein, diese Bezeichnung paßt auch nicht. Sie wäre zu – sagen wir mal – pseudointellektuell. Vielleicht paßt Wohnstuben-Atmosphäre besser? Nein, irgendwie ist es auch nicht die treffende Umschreibung. Es klingt mir zu dilettantisch. Und das paßt weder auf das Brentano Theater noch auf Martin Neubauer – Inhaber, Intendant, Schauspieler, PR-Manager und Kartenverkäufer in einem.

Die Atmosphäre des Brentano Theaters ist einzigartig, denn das Haus, in dem es logiert, strahlt darauf ab. Isoliert, scheinbar vergessen, trohnt es fast ein wenig unnahbar auf einer kleinen verwunschenen Anhöhe, eingekeilt zwischen zwei Armen des Teufelsgrabens. Der Garten ist dunkel von altem Buchs und Efeu, beinah ein wenig unheimlich. Auf einem hellen Sockel ruht backsteinernes Mauernwerk, gekrönt von Türmchen und Giebelchen. Romantisch halt, so wie auch das schmiedeeiserne Tor. Und so, wie die Hauptfigur der Epoche, dem das Theater geschuldet ist:

Brentano, Clemens Brentano.

Doch was hat Brentano mit Bamberg zu tun? Wurde er hier geboren, starb er hier, war er hier jemals zu Gast?

Egal, das kann ich jetzt auf die Schnelle nicht klären, denn ich will heute abend pünktlich sein. Im Brentano Theater steht eine Premiere an. Aber gespielt wird nicht im romantischen Backsteinschlösschen, sondern an einem ganz anderen, völlig untheatralischen Ort: der Galerie am Stephansberg.

Durch den eisigen Wind kämpfe ich mich die steile Straße hinter dem Böttingerhaus nach oben. Wann war ich wohl das letzte Mal hier? Es muß irgendwann in meiner Studentenzeit gewesen sein, als ich mich in diese kleine Weinstube verirrte. Es war damals im Herbst, es gab Federweißen und Zwiebelkuchen an den einfachen Holztischen.

Die stehen heute abend etwas fehl am Platze im Hintergrund; statt dessen davor und daneben Stuhlreihen, eng an eng. Obwohl ich früh dran bin, herrscht ein ziemliches Gewühl. Irgendwie gelingt es mir dann, meinen Silvaner im altmodischen Römerglas und mich selbst zwischen Lehnen und Beinen hindurchzuzwingen.

Theaterkomfort? Fehlanzeige.

Gepolsterte Sitze? Fehlanzeige.

Jetzt weiß ich, woher der Begriff Holzklasse kommt. Er gilt nicht nur im Flugzeug…

Doch so minimalistisch die winzige Kneipen-Galerie am Stephansberg auch sein mag, so sehr ist sie ausgefüllt mit Geist und Geistreichem. Unter den Zuschauern entdecke ich einen Arbeitsrichter, einen Universitätsprofessor, eine Geschäftsfrau im Ruhestand, zwei Ärzte, einen Journalisten und jede Menge Lehrer sowieso. Freiberufler neben Freigeistern, Lebenskünstler und Künstler. Mittendrin ich. Über uns zwei merkwürdige Uhren. Bei der einen besteht das Zifferblatt aus zwölf weiteren Uhren, bei der anderen ticken irgendwelche wirren Schnurrbart-Fragmente von Dalí.

Wie spät ist es? Keine Ahnung – dem Glücklichen schlägt bekanntlich keine Stunde.

Dann geht es los.

Eine Tuba betritt den Raum und findet ihren Platz auf einem Quadratmeter vor einem der beiden Fenster in der Nische, die heute als Bühne dient. Das warme Messing des Instruments verleiht der alten dunklen Holztäfelung an der Wand etwas Edles. Doch seltsam, während ich früher die Tuba als etwas Schwerfälliges, Behäbiges wahrgenommen habe, scheint sie heute abend viel leichter, beinahe tänzelnd. Ob das an ihrem Herrn und Meister liegt? Der ist immerhin einer der bedeutendsten Solo-Tubisten Deutschlands. Heiko Triebener heißt er, hat mit gerade mal 19 Jahren schon den Tuba-Solo-Wettbewerb der *International Brass Conference* gewonnen und spielt schon seit 1993 bei den Bamberger Symphonikern. Irgendwann liefen sich dann die Herren Neubauer und Triebener über den Weg und dann wurde…

… plötzlich fliegt mit einem Knall die Wirtshaustür auf! Mit einem kalten Windstoß weht ein schwarzes Cape herein, darüber ein verzerrtes Fratzengesicht:

„Verwundert Euch nicht, meine Herrn und Frauen,
Hier oben mich auf dem Theater zu schauen;
Kommen ja wohl Bestien auf die Bühnen,
Wie sollt' ein Gnom nicht den Platz verdienen?"

Das ganze hat doch nichts mit Brentano zu tun, denke ich. Oder etwa doch? Einer seiner Zeitgenossen drückte Bamberg einen romantischen Stempel auf: Karl Friedrich Gottlob Wetzel, ein Redakteur, der Anfang des 19. Jahrhunderts beim Vorläufer vom *EffDeeh* seinen Zeitungsdienst ableistete. Und genau von diesem stammt der *Prolog zum Großen Magen*, mit dem Martin Neubauer die Premiere eröffnet. Das hat durchaus seinen Sinn, denn gleich zu Anfang der erste Seitenhieb auf die Bamberger: Für den Journalisten Wetzel scheinen sie offenbar Banausen zu sein, die mit *Lideradurzeuch* nicht allzuviel am Hut haben dürften – denn egal, ob eine Bratwurst oder ein Gedicht, das ist völlig gleich:
„…Man macht's Euch nur maulrecht, so mundet's Euch."
Gottlob Wetzel, Martin Neubauer und der Gnom werden eines, wenn sie schließlich zu folgenschwerem Schluß kommen:

„Das Denken, das kostet doch zu viel Kraft,
Die Verdauung leidet, der Magen erschlafft."

So sind sie – die Bamberger, zumindest Anfang des 19. Jahrhunderts. Und bevor sich mir zu viele Parallelen zu heute aufdrängen können, setzen knarzige Tuba-Töne ein und führen mich durch die Bilder einer Ausstellung: Erst sachte stapfend, dann holpernd und polternd rumpelt Mussorgskys Gnom durch den Raum.

Ich bin überrascht.

Tuba, das war für mich eigentlich immer der unvermeidliche Spielmannszug bei Feuerwehrfesten oder die dröge Blasmusik drittklassiger Dorfkapellen. Was aber Heiko Triebener gleich zu Beginn aus dem Blech vor ihm lockt, stimmt mich heiter und leitet mich auf völlig neue Wege. Das paßt gut. Denn auch Martin Neubauer macht es so: Er nimmt uns an die Hand und führt uns mit seinen literarischen Fundstücken durch Bamberg. Durch ein anderes Bamberg und doch auch durch das bekannte Bamberg. Denn wie das Leben voller Gegensätze ist, so wechselt er zwischen den elitären Texten hoher Literatur und den Niederungen zwischenmenschlicher Bamberger Konversation. Unverblümt, aber liebevoll hat er dem Volk aufs Maul geschaut. Dialektale Trivialitäten verpackt er geschickt in professionelles Schauspiel. Dadurch werden sie geadelt und selbst zum *Lideradurzeuch*.

Wetzels Gnom aber ist an diesem Abend allgegenwärtig. Ich kann mich des Eindrucks nicht erwehren, Martin Neubauer hätte auch ohne Maske selbst das Wesen, das Aussehen angenommen, um uns neckend mit Facetten des Bamberger Lebens vertraut zu machen, denen wir bislang vielleicht zu wenig Bedeutung beigemessen haben. Ein kleiner Troll, den ich vor langer Zeit aus Norwegen mitbrachte, sieht Martin Neubauer verdammt ähnlich

– mit den markanten Wangen, über die sich zwei Furchen ziehen, dem auffälligen Kinn. All das ergibt eine physiognomische Mischung aus liebenswürdig verschroben und kauzig. Dazu passen gut die wulstigen Lider über den listig blitzenden Pupillen – oder wie würde Gottlob Wetzel in seinem Prolog dazu sagen: „*Die eingekniffnen Maulwurfsaugen – just recht zum Speculieren taugen…*"

Das Markenzeichen: Die wirren Locken, die – wetten wir? – zwei spitz zulaufende koboldhafte Ohren verbergen. Und die braucht er, denn oft genug ist er in der Stadt zum großen Lauschangriff unterwegs, in der Stadt und im Hain. Dort hat er die Entenliesl bespitzelt, die er soeben auf der Bühne porträtiert – eine etwas eigenwillige weibliche Person, die ein besseres Verhältnis zu den Wasservögeln hat als zu ihren Freunden, Nachbarn und zur Familie sowieso. Das Schöne ist: Irgendwie dürfen wir an diesem Abend alle ein bißchen Entenliesl sein; *middm Baddschä*, mit einem kleinen Dachschaden, der uns liebenswert und das Leben – vor allem das in Bamberg – etwas erträglicher macht. Daß der sonst so verpönte Ententanz mit einer neuen Interpretation aus der Tuba dazu beiträgt, ist selbstverständlich.

Ich bin begeistert. Die anderen Zuschauer und Zuhörer auch. Wir alle werden zu einer kleinen geheimen Verschwörung, mit der es uns gelingt, in die Niederungen der Bamberger Seele vorzudringen. Das geht plötzlich ganz einfach, nämlich mit Hilfe von Martin Neubauers Anrufbeantworter, dessen Botschaften er nun zum Besten gibt.

Nachrichten bitte nach dem Ton – - -

piiiiep, aus der Tuba:

„Hiä is Maaaier, miä biddn um än Rückruf, unn zwoa undä… Maaaier.“

Piiiiep, eine Oktave tiefer – aus der Tuba.

„Ja, Hallo! Grüß Goddla, ich wüßt fei gern amol, wann in Euäm Deaadä die Schibbndäils aufdredn. Bitte um Rückruf undä zwodraiviäfünfseggs.“

Bitte wer? Die Chippendales???

Piiiiep, diesmal in Moll – aus der Tuba.

„Ja, hiä is nuchamol Maaaier, miä waddn fei immä noch aufn Rückruf. Also biddschön: Rückruf undä - - - Maaaier.“

Piiiiep.

Abgründe tun sich da auf, die ich als Zuschauer durchleide. Vielleicht weil ich spüre, daß keine dieser Nachrichten auf dem Anrufbeantworter fingiert ist. Bambergs Seele ist plötzlich zum Greifen nah. Oder besser: in und mit Worten greifbar geworden. Und da Martin Neubauer ein richtiger Seelenforscher ist, muß er natürlich sämtliche Anrufe fein säuberlich dokumentieren. Wie ginge dies besser als mit Privatsekretär Triebener, der wie zum Beweis dieses mal gar nicht so brummig, statt dessen flink und gewitzt Leroy Andersons „Typewriter“ inclusive Schreibmaschinengeklingel aus der Tuba gibt.

Dann aber wird es unheimlich.

Martin Neubauer holt uns ab zu einer Geistermesse. Er schickt uns zusammen mit der Marri vom Kaulberg in die Obere Pfarre. Mit heulendem

Wind, klirrendem Glatteis, Schneegestöber – alles, was Mundstück und Schallbecher, Röhren und Ventilen, Stimmzug und Wasserklappe der Tuba so hergeben.

Brauchen wir ein gemaltes Bühnenbild?

Völlig überflüssig.

Nach der Pause wird es psychologisch und sehr ernst, denn wir Zuschauer sollen mit den Inhalten der Temperamentenlehre vertraut gemacht werden. Hoffentlich wird es jetzt nicht noch öd, denke ich. Denn Martin Neubauer droht damit, die Fremdwörter bzw. Charaktere „Sanguiniker", „Phlegmatiker", „Melancholiker" und „Choleriker" in Szene zu setzen. Aber keine Panik: vergeistigtes Fachchinesisch kommt nicht auf die Bühne. Statt dessen werden sie uns anhand einer Bamberger Version vom „Verlust der Geliebten" erklärt.

Wie dies geht?

Auftritt: der Melancholiker. Sehnsuchtsvoll hat er sich mit dem traurigsten aller Hundeblicke unter einem himmelblauen Käppi in der Ferne festgeguckt.

„*Aus is*", klagt er, als hätten ausgerechnet wir die Schuld daran, daß er nun wieder Single ist.

„*Aus is…*"

Und weil wir ihm alle nicht so recht glauben können, und weil wir ihm schon gar nicht seine Trauer abnehmen, senkt er wie ein getroffenes Tier den Blick auf den Boden und jault dumpf: „*In mir schauts fei aus wie auf'm Troppauplatz.*"

Wer bis zu diesem Moment den Troppauplatz nicht kannte, weiß jetzt exakt, wie der nun aussieht.

Dann die Verwandlung. Haare schmierig nach vorn in die Stirn gekämmt, schleppt sich schwerfällig der Phlegmatiker hinein. Er macht um den Verlust der Geliebten kein großes Aufheben, und er weiß schon jetzt, wie er dem ganzen Problem am besten aus dem Weg gehen kann: mit einer ordentlichen Trinkkur, beginnend mit *aam Seidla Biä.*

Bier ist erst recht für den Sanguiniker ein Mittel, das ihn über den Liebesentzug hinwegtröstet:

„*Was ist denn all die Liebesmacht*
Gegen unsres Rauchbiers Pracht?"

Mit diesem *Lideradurzeuch* und einem Schlenkerla dreht er dann so richtig auf.

„*Ziggezagge*", schreit er übermütig und hupft wie ein Derwisch wild umher: „*Zigge!! Zagge!!!*"

Und „Hühnerkacke" ergänzen wir alle im Geiste im Saal, nicht zuletzt deswegen, weil Martin Neubauer mit einem *Göger* als Hut, einem übergestülpten Plastik-Brathähnchen, über die Bühne tollt.

Damit aber ist es sogleich zu Ende, weil der Choleriker dem Drama ein Ende bereiten will. Mir wird angst und bang', wie er wild fuchtelnd seiner Verflossenen den Garaus machen will. Bislang dachte ich, mir wären die wichtigsten Schimpfwörter auf Bambergerisch geläufig. Doch weit gefehlt. Ich habe noch reichlich Nachholbedarf…

Und dann – nach der gespielten Realität – bereitet uns Martin Neubauer wieder auf die *ächde Realidäd* vor, die uns nach Ende des Theaterabends unweigerlich erwartet. Die Bühne wird plötzlich zum Betstuhl, denn auch das (und gerade das, was jetzt kommt) ist Bamberg: Nach einer Predigt, sehr lang, sehr langweilig, raunzt eine derbe Männerstimme in einer der hinteren Bänke, leise, aber deutlich vernehmbar: „*So a Gewaaf, so a saudumms Gewaaf.*“

Irgendwie – da bin ich mir sicher, sehr sicher – habe auch ich schon diese Episode eins zu eins bei einem früheren Kirchgang selbst erlebt. Genauso wie viele Erlebnisse, die Martin Neubauer von seinen zahlreichen Spaziergängen durch die Stadt mitgebracht hat. Und ich weiß spätestens jetzt: Theater kommt zwar eigentlich aus dem Griechischen von θεάομαι und bedeutet verkürzt soviel wie „anschauen“, aber wer dem Drama auf den Grund gehen will, muß schon genau hinhören.

Ganz Bamberg – ein Theater.

Da spüre ich ein wohliges Gefühl und weiß: Dieser Abend wird mich durch die Woche tragen, und durch den Bamberger Alltag sowieso.

Der imaginäre Premierenvorhang fällt. Aber das Gute daran ist: Martin Neubauer geht gern spazieren. Und so lange er das tut, wird er jede Menge neue Skurrilitäten, aber auch vordergründig Belangloses auftun. Der Stoff für neues *Lideradurzeuch* wird ihm nicht ausgehen – erst recht nicht in Bamberg.

Zwei Grazien

Zwiegespräche mit Bamberger Hörnchen

In meiner Küche wohnen zwei Sensibelchen. Zwei zarte Wesen, die aus unterschiedlichen Welten stammen. Und doch tragen sie beide den gleichen Namen:

Bamberger Hörnchen.

Welches ich von Euch lieber mag?

Darauf gibt es keine Antwort. Und wenn doch, so ist sie jahreszeiten- oder gar tageszeitenabhängig.

Morgens, da liebe ich Dich, Du kleines knispelndes Teilchen, das ich mir frisch von einer der 15 Bamberger Bäckereien hole. Ich meine: von einer *richtigen* Bäckerei – und nicht von irgendwelchen Nullachtfuffzehn-Backfabriken wie MäcBrot oder Semmelfuzzi & Co.

Mittags, da liebe ich dann Dich, Du grazile Knolle. Dir steht zum Beispiel eine Auflaufform im Ofen ganz gut – und erst recht Olivenöl, Rosmarin und *Mussärol*, so heißt der Majoran hier in Bamberg.

Nachmittags, da gibt es nichts Schöneres als eine dampfende Tasse Kaffee mit Dir, meiner blättrig-buttrigen Begleitung. Und natürlich haben die Alt-Bamberger recht, wenn sie behaupten:

A Kaffee ohne Hörnla
is wie a Kuß ohne Schnörrnla.

Aber was, um alles in der Welt, ist ein *Schnörrnla*? Ein Nasenstüber? Schnurrbart? Zungenschnalzer? Das muß jeder selbst beim Hörnchenverzehr herausfinden…

Abends, da verführst wiederum Du mich, Du kleine Bauernfrucht: ganz schlicht als Pellkartoffel mit einem *Zwiebeleskäs* oder als herzhafter Kartoffelsalat.

Bamberger Hörnla und Bamberger Hörnla – Ihr seid zwei Bamberger Urgesteine, die verschiedener nicht sein könnten. Und doch habt Ihr so vieles gemeinsam.

Wie gesagt, sensibel seid Ihr ja beide, könnt nicht mit jedem und wollt es auch nicht.

Dir, Kartoffel, kann es kaum ein Ackerboden recht machen. Und krank wirst Du auch alle Nase lang.

Und Du, Backwerk, willst Deine ungestörte Ruhe haben, zuerst in der Backstube. Und später dann auf dem Nachhauseweg in der Tüte, wo Dich niemand unsanft drücken darf.

Ihr beide wachst im Dunklen auf. Okay, bei einer Kartoffel ist das ja nichts Besonderes; schließlich ist das normal bei einem Nachtschattengewächs. Bei Dir, meinem Knuspergebäck, ist das schon etwas erklärungsbedürftig. Dein Teig nämlich macht einen Schönheitsschlaf. Eine ganze Nacht lang ruht er, um die ganze Kraft aus Mehl, Milch, Hefe und Zucker herauszuholen. Mehr darf einstweilen nicht hinein. Dann aber Dein Herzstück: die Butter. Und nichts anderes geht. Kein Schmalz, keine Margarine, sondern nichts weiter als gute reine Butter. Die wird dann in einem handwerklichen Verfahren ausgedrückt, genauso dünn wie die Teigplatten. Und anschließend übereinander geschichtet.

Teig, Butter,
Teig, Butter,
Teig, Butter.

Dreimal das Ganze. Das kann doch nicht alles sein, oder?

Weil ich unbedingt wissen will, wie es mit Dir, Hörnla, weitergeht und Du mich so stumm anschweigst, rufe ich ungeduldig Alfred Seel an, Chef der ältesten Bäckerei Bambergs und Obermeister der Bamberger Bäckerinnung. Er hat ein Einsehen mit mir und lüftet schließlich das Geheimnis: Drei Lagen Teig und Butter, das ist nämlich noch längst nicht genug.

Das ganze wird dreimal gefaltet.

Macht neun Schichten.

Und dann nochmal dreimal falten.

Macht siebenundzwanzig Schichten.

Und entspricht ungefähr 65 Prozent Butteranteil in Dir, meinem geliebten Hörnla.

Die Kalorienzahl will ich lieber gar nicht wissen.

Bei Dir, Kartoffel, ist es übrigens nicht anders: Reine Butter hebt Deinen Geschmack um ein Vielfaches. Deswegen bist Du auch in Deiner Reinform am allerbesten; geschrubbt, gekocht, halbiert und mit Butter und Salz samt Schale gegessen. Dein Geschmack soll angeblich etwas nussig sein, gar speckig. Mag sein. Für mich schmeckst Du nach warmer Erde, tiefstehender Sonne über dem Gemüsegarten, unbeschwerten Spätsommertagen, nach Erntedank und längst vergessenen, glückselig machenden Gerichten aus Omas Kochtopf.

Und bei Dir, meinem anderen Hörnla aus der Backstube?

Ganz ähnlich!

Nicht minder glückselig machend auch hier der Geschmack: Beim Hineinbeißen zaubert mir Deine frische rösche Kruste ein Lächeln aufs Gesicht, die knusprigen Krümel kitzeln mich. Und *fei Obacht*: In jedem Hörnla ist ein Suchtfaktor. Ich jedenfalls kann es mir nicht einteilen und langsam genießen, so sehr ich es auch versuche. Statt dessen: Ein Bissen, und noch einer, und ganz schnell noch einer. Am liebsten mag ich die splitterigen Enden, die ihre Bröselchen gern überallhin verteilen. Und genauso gut ist das luftig-leichte Herzstück mit seinem Lendenschurz, wie ich das kleine Teigdreieck in der Mitte genannt habe. Ja – ich glaube zu wissen, daß das eigentliche Geheimnis die Luft im Hörnchen ist. Sie hat den unvergleichlichen Geschmack nach glücklicher Kindheit, nach unendlich langen Nachmittagen, die wir spielend auf der Straße verbrachten und die durch nichts unterbrochen wurden, außer einer Tasse warmen Kakao und – einem Hörnchen eben. Du versöhnst einfach mit dieser feindlichen Welt da draußen, denn: Wenn die Sonne mir nicht scheinen will, dann lasse ich wenigstens den Mond für mich leuchten: Siehst Du nicht aus wie die güldene Sichel des Halbmondes? Himmlisch bist Du für mich sowieso, und bei einem besonders hübschen Exemplar sehe ich in Dir das Diadem einer Prinzessin, obwohl manch einer meint, in Deinem geschwungenen Bogen Deine Herkunft vom Symbol des Morgenlandes ableiten zu können. Damals, 1683, als die Türken vor Wien besiegt wurden, sollen Wiener Bäcker als Zeichen des Sieges Dich erschaffen haben.

Pah – daß ich nicht lache!

In Bamberg gab es Dich doch schon mindestens zwei-, dreihundert Jahre früher. Könnte es sein, daß ein Bäcker, der damals in der Königstraße wohnte und den Namen Hornlein trug, Dich aus der Taufe gehoben hat? *Na, ich waaß fei ned…*

Ich verlasse mich in dieser Frage lieber auf eine vielsagende Erwähnung im Bamberger Stadtbuch aus dem 15. Jahrhundert.

Deine kartoffelige Namensschwester ist gegen Dich übrigens ein junger Hüpfer und wird erstmals 1854 im 2. Jahresbericht der Bamberger Naturforschenden Gesellschaft erwähnt. Über Dich aber gibt es schon für das Jahr 1483 einen Hinweis auf einen sogenannten Hörnleinsbeck: Ein gewisser Cuntz Zink, der hinter St. Martin seine Backstube gehabt haben soll, hat Dich seinerzeit unters Volk gebracht. Und dann wird auch noch 1496 schließlich ein weiterer Hörnchenproduzent genannt, in der Austraße.

Einen haben wir aber vergessen, der es wirklich wissen muß: Bäcker Seel. Er kann nachweisen, daß Deine Urform bereits 1427 in seiner Bäckerei aufs Blech kam – ansonsten ein wenig spektakuläres Jahr in der Weltgeschichte: Es wird eine neue Reichssteuer zur Finanzierung von Söldnerheeren eingeführt und in Bamberg wird Georg Hessler, künftiger Fürstbischof von Passau geboren.

Wen interessiert das schon? Mich nicht!

Ich habe nur Euch Hörnla im Sinn, nur Euch vor meinen Augen. Wenn Ihr so vor mir liegt, kann ich mich einfach nicht sattsehen.

Beide folgt Ihr in der Form dem gleichen Schönheitsideal – schlank statt plump.

Du, Kartoffel: Keine unförmige Erdknolle, sondern längliche Finger oder kleine Babyfäuste.

Du, Teigteilchen: Kein behäbiges Croissant, das gern auch mal in die Breite geht, sondern ein feingeschwungener Bogen.

Ja und dann die Farbe – auch da gibt es eine edle Parallele. Auch wer auf den ersten Blick meint, Du, Kartoffel, hättest Dich mit Deinen Knubbeln und Riefen nicht gerade schick in Schale geworfen: Ihr *beide* habt eine Menge Gold in Euch. Oder ist das übertrieben? Klingt sonnengelb besser? Oder butterfarben? Egal – an Euch beiden ist nichts Fahles, Fades. Und Künstliches schon gleich gar nicht. Höchstens künstlerisch, kunstvoll!

Bei einer Sache aber hört die Gemeinsamkeit auf: beim Preis. Während Du, Teighörnla, mit Deinen ca. 60 Cents im Vergleich zu ähnlichen Backwaren wie Brezen, Salzstangen oder Blätterteigtaschen vergleichsweise unauffällig bist, kostet ein Kilo von Dir, meiner geliebten Hörnchen-Kartoffel, im Supermarkt meines Vertrauens fast dreimal soviel wie die normale Alltagsvariante. Auf dem Markt ist es natürlich noch etwas mehr. Und im Internet erst recht, da gibt es einen saftigen Online-Aufpreis für jeden, der sich die Delikatesse nicht vor Ort besorgen kann und vom Versandhandel abhängig ist.

Da liegt Ihr also vor mir, Ihr beiden Grazien: Ihr habt's echt zu was gebracht! Bamberger Lebensart! Wohlgeformt, selbstgefällig und friedlich wohnt Ihr hier bei mir in der Küche, Seite an Seite, in Brotkasten und Gemüsekorb.

Bis ich Euch vernasche…

Doch ich hätte nicht gedacht, daß es außer Eurem einzigen natürlichen Feind – meinem Hunger – noch andere bösartige Rivalen von Euch beiden Fränkinnen gibt. Beide dazu noch aus einem anderen Frankenreich – aus Frankreich höchstselbst:

Zum einen *La Ratte*, eine Knolle, die ähnlich aussieht wie die Bamberger Kartoffel-Urform, aber viel leichter zu kultivieren ist. Und so ist es kein Wunder, daß *La Ratte* gern mal als Bamberger

Hörnla verkauft wird. Dem Etikettenschwindel will nun der Förderverein „Bamberger Hörnla in Franken e.V." einen Riegel vorschieben. Ein Gütesiegel soll her. Hoffentlich macht's den Preis dann nicht noch teurer. So etwas ähnliches passierte nämlich schon einmal im Jahr 2008, als Du zur „Kartoffel des Jahres" gekürt wurdest.

Du, mein kleines Knusperstückchen, bist ja schon geadelt – nicht durch Siegel, Prämierung oder Ritterschlag, sondern durch einen vielbeachteten Richterspruch anno 1977 in Bamberg. Zuvor tobte der Hörnchenkrieg – ja, so hieß er wirklich und so findet er sich auch in den Akten: Zahlreiche Bäckereien muckten auf und wollten die Hörnla mit Margarine oder mit ähnlich minderwertigem Fett backen. Natürlich aus Kostengründen. Doch das kam in der Bevölkerung gar nicht gut an. Und erst recht nicht bei denjenigen Bäckern, die sich der Qualität und der Tradition ganz besonders verpflichtet fühlten. So kam es denn zu einem spektakulären Prozeß vor dem Landgericht. Und das stellte höchstrichterlich nach etlichem bürokratischen Hickhack fest, was sowieso schon jeder wußte und wollte: Bamberger Hörnla müssen mit Butter gebacken werden. Ende der Diskussion.

Zwar ist in dem Urteil noch nachzulesen, daß der Butteranteil gemessen am verwendeten Mehl mindestens zwanzig Prozent betragen müsse, aber diese Einlassung ist nicht der Rede wert: Richtige Bamberger Hörnla, die sind eben nicht für die Bikini-Diät geeignet. Und so sorgen die meisten Bamberger Bäckereien von sich aus dafür, daß sie mit mehr als über 50 Prozent Butteranteil direkt auf die Hüfte gehen. Und genau das macht Dich, Du Hörnla, so unwiderstehlich.

Aber bist Du auch noch so lecker, so schmackhaft, so einzigartig – ja, auch Du hast einen Widersacher aus Frankreich: das *Croissant*, ein Modegebäck, das die leichte französische Lebensart zu uns bringen soll. Aber ach, mit schwerer Last. Denn im Teig befinden sich auch noch Eier! Kein Wunder, daß sich in der deutschen Übersetzung des französischen Adjektives alles Elend des gesunden Ernährungsbewußtseins widerspiegelt: *croissant* heißt so viel wie fortschreitend, steigend, wachsend, zunehmend…

Na dann: *Bon appétit!*

Und die Moral von der Geschicht?

Leben wie Gott in Frankreich will ich nicht!

Nein: Ich will leben wie Gott in Franken!

Und Ihr, Ihr zwei Hörnla, Ihr beide macht es möglich!

An Guudn!

Von verregneten Ruinen und Schweineohren

Mein Bamberger Jazz-Club

Herbst. Dunkle Zeit. Auch in Bamberg.

Es ist Freitagabend. Eine harte Woche liegt hinter mir. Eigentlich will ich nur eines: Ab auf's Sofa, entspannen mit guter Musik und einem Krimi, eingemummelt in eine Schmusedecke als Häuptling „Dicke Socke" am virtuellen Lagerfeuer.

So weit, so gut.

Ich schnappe mir eine CD, Jazz von einer jungen Berliner Band, mit weichen Tönen, fast ein bißchen verwaschen wie meine alte Lieblings-Jeans, ineinandergleitende Melodien, unterstrichen durch den sanften Ausfallschritt des Saxophonisten: Roman Ott und *Inner Shape* haben erst vor wenigen Wochen im Bamberger Jazz-Club gespielt. An einem Freitag – so, wie heute abend.

Freitag? Abend? Heute?

Und ich hänge hier träge auf der Couch ab?

Noch ist Zeit. Das Konzert im Jazz-Club geht erst um 21:00 Uhr los. Aber halt: Ich habe überhaupt keine Zeit zu verschenken. Ich muß mich sogar beeilen. Denn heute abend spielt Tex Döring!

Für mich der *Godfather of Jazz* in Bamberg. Undenkbar – der Jazz-Club ohne Tex, und Tex ohne Jazz-Club. Mal ist er mit seinem Trio zu Gast, mal gibt er Latin Four. Aber vor allem spielt er sich selbst, erst dann spielt er Musik und spielt mit der Musik. Wie kein zweiter. Und deswegen ist bei seinen Gigs der Jazz-Keller immer voll.

Die Sandstraße verschlingt mich mit ihrem Gewühl und spuckt mich dann vor Haus Nr. 18 aus. Der gewölbte Durchgang verschluckt mich aber sogleich wieder und schickt mich in den Schlund einer engen Treppe, *nunder nei'n Kellä*. Zuvor löse ich noch meine Eintrittskarte, den Mitgliederausweis muß ich gar nicht mehr vorlegen; wie schön, daß man mich kennt.

Die Stücke sind eigentlich allesamt bekannt, doch Tex erfindet sie immer wieder neu. Sie schmecken wie Fingerfood, kleine sexy Appetitanreger, die Lust auf mehr machen. Er zwirbelt die Töne um seine Finger und strickt daraus luftige Kompositionen. Mal flicht er auch sehr vertraute, aber verfremdete Passagen ein, mit denen zunächst keiner rechnet. Höre ich da nicht gerade etwas – die *Habanera*? – aus der Oper *Carmen*, die er jazzig verkleidet? Luftig und leicht kommt sie durch den klingenden Raum in einem witzigen Minirock der 50er Jahre und einem verführerischen Neckholder-Top dahergewirbelt. *Blousette* heißt ja schließlich das gute Stück, das Tex gerade gibt.

Ja – es gibt in Bamberg tatsächlich auch ein Leben außerhalb der Bamberger Symphoniker.

Der Jazz-Club macht es möglich.

Tex Döring macht es möglich.

Tex spielt nicht nur einfach Jazz, er atmet Jazz. Er lebt Jazz. Am und mit dem Piano erzählt er Geschichten, nicht nur aus der Glanzzeit des Jazz, sondern von sich selbst, aus Bamberg. Das ist übrigens kein Widerspruch: Tex blickt zurück in eine Zeit, als die Bamberger Buben noch fasziniert waren von schwarzen Spuren, die die ersten Autos nach dem Krieg in den Schnee fuhren, und erstmals pfiffen: *We wish you a Merry Christmas.* Ich wette, allein das klang schon in Tex' Ohren deutlich nach Jazz. Vielleicht war er längst vorbelastet durch die Ereignisse im Sommer 1945, als er am Grünen Markt das halbstündige Standkonzert einer Army-Band inhalierte, die dort die deutsch-amerikanische Verständigung praktizierte. Und so schlichen sich Glenn Miller und Benny Goodman nicht nur in Tex' Ohren, sondern vor allem in sein Herz.

Tex macht mit seinem Klavier auch Geständnisse: Ja, ich halte nix vom digitalen Zeitalter, ich bin und bleib' ein ewig Analoger.

Eigene E-Mail-Adresse? *Braung mä ned!*

Eigene Homepage? *Geh weidä!*

Facebook? *Des Zeuch konnsd fei ächd vägess'n.*

Und Frank, der Junior-Chef vom alteingesessenen „Elektro-Bär" erzählte mir einmal, daß Tex der einzige noch lebende Bamberger sei, der nach den guten alten BASF-90er Kassetten verlangt.

Wenn Tex am Klavier jazzt, hat man den Eindruck, er habe nie etwas anderes gemacht. Aber er hatte einen ganz bürgerlichen Tarnberuf. Er war Lehrer am Bamberger Kaiser-Heinrich-Gymnasium. Nein, nicht Musiklehrer, sondern Lehrer für Chemie und Erdkunde. Ja – Mutter Erde, oder besser gesagt, das, was unter ihr und in ihr ist, fasziniert ihn: Wie kein anderer „sammelt" er Bergwerke, fährt in alte Gruben und Zechen, besichtigt er Stollen und Schächte – Glück auf, der Steiger kommt. Unter der Bezeichnung KERNEX® klappert Tex mit seinem Freund Kerner seit 40 Jahren die Republik ab. Wen wundert's, daß sein Briefpapier das Zunftzeichen der Bergleute ziert: Hammer und Schlegel. Dafür prangt auf seinen Lieblingsschuhen die Nationalflagge von Puerto Rico – Lateinamerika verleiht ihm Leichtfüßigkeit. Und so ist es nicht verwunderlich, daß Tex nicht nur Geschichten aus Bamberg und Deutschland erzählt, sondern aus der ganzen Welt. Sein *Girl from Ipanema* tänzelt genauso leichtfüßig durch das Gewölbe wie die Regentropfen von *Brussels in the Rain.*

Ah – Brüssel im Regen… Tex holt mich ab mit seiner Musik und schickt mich in den Nieselschleier seines Klaviersolos, mitten in die belgische Hauptstadt. Ich war nie dort, und doch sehe ich sie dank der einfühlsamen Interpretation von Tex wie durch eine Traumlinse. Das Atomium trägt einen feuchten Silbermantel. Sanftes nasses Grau überzieht die herrschaftlichen flämischen Bürgerhäuser und legt sich in die alten Gassen, wo sich in meiner Phantasie unter einem Regenschirm ein durchnäßtes Liebespaar küßt. Die Jugendstilfassaden verschwinden im Tropfendunst. Das gotische Rathaus und die Kathedrale Saint Michel werden eingehüllt von einem leichten Schauer, den Tex seinen schwarzen und weißen Tasten vor ihm entlockt.

Ich – in Brüssel, ich – im Jazz-Keller.

Das sanfte Plätschern legt sich automatisch auf das nächste Stück dieses Bolero-Medleys, wie in einem Regenbogen schimmern die Farben der Klänge, die Tex durch den Raum schickt – einem erfrischenden Frühlingsregen gleich. Ich fühle mich geborgen in den großen Steinquadern des alten Gewölbes.

Und allmählich läßt der Regen nach.

Es klart auf in der Melodie. Die kommt mir irgendwie bekannt vor. Die mächtige Mauer an der Rückseite bringt mich auf die richtige Spur: *Auferstanden aus Ruinen* – aus der Hymne der ehemaligen DDR hat Tex eine wunderbare Jazz-Ballade gezaubert. Voller Hoffnung, so weich und versöhnlich, die dunklen Wolken haben sich verzogen, die Ruinen sind nicht mehr verregnet, sondern der Sonne zugewandt.

Heitere Züge auf den Gesichtern des Publikums. Bei diesen Melodien ruht es in sich, der Jazz-Keller trägt sein übriges dazu bei. Unter den Zuhörern ist heute überraschend viel Jungvolk, wohl ehemalige Schüler von Tex. Aber da sind mindestens ebenso viele Junggebliebene, dann Studenten und sogar ein japanisches Touristenpärchen genießt die Stimmung. Und jede Menge Altbekannte. Zuvorderst Marianne, die Erste Vorsitzende. Sie ist eigentlich immer da; was wären schließlich die Konzerte ohne Mariannes unnachahmliche Begrüßung mit dem spröden Charme eines Notenständers:

Guten Abend allerseits,
ich stelle Euch die Musiker vor…

Dann Wolfgang, der an der Technik herumwurschtelt, dann Petra, die hinter der Theke herumwurschtelt, dann Werner, der selbstversunken seine genialen Fotos anschaut – die Aufnahmen legendärer Jazz-Größen aus längst vergangenen Tagen.

Meine kleine Jazz-Club-Familie.

In der Pause sehe ich da hinten Sabrina mit einem Urgestein der hiesigen Musikszene: Uwe Gaasch – Frontmann der Bamberger Band *Schweinsohr Selection*, kurz SOS. Ich geselle mich zu den beiden.

Gell, der Bamberger Jazz-Club, so sagt er, das ist wie Heimkommen. – Er spielt wohl darauf an, daß ich schon länger nicht mehr da war. In der Tat habe ich das letzte SOS-Konzert verpaßt. Und ich weiß genau, was mir entgangen ist: Funk and Soul vom Allerfeinsten, präzise Trompeten-Soli, scharf gestochen die Einsätze, sensationelle Gesangseinlagen von Uwe und Irmgard Klarmann, der Sound professionell – obwohl die Band selbst keine erklärte Profi-Band ist.

Das erste Mal, als ich Irmgard sah – ich glaube, es war auf dem Weg zur Garderobe – hätte ich nie vermutet, daß *sie* es ist: die mächtige weibliche Stimme der Schweineohren. Ich hätte erst recht nicht für möglich gehalten, daß sie ein Musik-Vollprofi ist und Texte für bekannte Popgrößen schreibt. Chaka Khan oder Jennifer Rush sind auch darunter – *from Bamberg to the world.*

Und daß sich hinter Uwe Gaasch, der in seinem Tarnberuf als Architekturphotograph mit einem Kleintransporter durch die Stadt flitzt, ein erfahrener Leadsänger verbirgt, war mir auch nicht klar – erst dann, als ich ihn das erste Mal live erlebte.

Wenn die *Schweinsohr Selection* mit ihren acht, neun, zehn Musikern spielt, dann rockt der Jazz-Club. Und das nun schon seit 1978, dem Gründungsjahr der Band. Allerdings genieße ich auch die Balladen, die die Alteingesessenen gerne als Schweineohrwürmer bezeichnen. Schmelzend, zart, einfühlsam, manchmal sogar etwas zerbrechlich – genauso wie das Blätterteiggebäck, das angeblich bei der Namensfindung der Band Pate stand.

Aber ganz ehrlich, ich mag am allerliebsten die funkigen Titel wie die SOS-Version von Stevie Wonders *Superstition*. Eine geballte Ladung Energie, die jede Ritze des alten Gemäuers durchdringt! Die

Bestuhlung des Jazz-Kellers, die sonst immer etwas bockbeinig im Raum steht, wird kurzerhand an den Rand verbannt, ist quasi nicht mehr existent. Es wird getanzt, gegroovt, keinen hält es mehr.

Auch mich nicht.

Ganz ähnlich, aber dennoch ein völlig anderes Jazz-Gefühl: die Bamberger Uni-Bigband. Jedes Mal, wenn sie im Jazz-Club spielt, wächst er mit ihr, wird mit ihr größer. Bis zu zwei Dutzend Musiker füllen die Bühne vor den großen Steinquadern. Irgendwie fangen die Mauern gleich mit an zu swingen – kein Wunder bei fünf Saxophonen, vier Trompeten und vier Posaunen. Ein Ohrenschmaus für jeden. Jetzt weiß ich, was Duke Ellington meint mit seinem Titel: *It don't mean a thing, if it ain't got that swing!*

Oder besser in der fränkischen Variante:

Wenns ned swingt, kannst's fei vägessn!

Genau das ist es, das Bamberger Jazz-Club-Gefühl: Egal, wie lange man schon nicht mehr dort war, ob Wochen, Monate oder Jahre, sofort steigt das heimelige Gefühl auf, hier zu Hause zu sein. Der Bamberger Jazz-Club, eine Wohlfühl-Höhle.

Die Pause in Tex Dörings Konzert ist zu Ende.

Uwe rückt sein Markenzeichen, eine Schiebermütze (*made by Bullani*, natürlich in Bamberg), zurecht. Wie viele er wohl davon hat? Zehn, zwanzig bestimmt… Er trinkt sein Bier aus, organisiert sich ein frisches, ich quetsche mich ebenfalls nach hinten an die Theke, hole mir schnell noch einen Wein und die obligatorischen Knabbernüßchen.

Tex ist derweil wieder auf der Bühne.
Es geht weiter.

Ja – es gibt in Bamberg tatsächlich auch ein Leben außerhalb der Bamberger Symphoniker.
Der Jazz-Club macht es möglich.
Die *Schweinsohr Selection* macht es möglich.
Die Uni Bigband macht es möglich und andere große Bamberger Jazz-Musiker wie Max Kinastl, Harald Hauck, Oliver Saar und solche, die ich noch nicht kenne.
Und Tex Döring sowieso.

Auch dieses Konzert geht irgendwann mal zu Ende. Nach x Zugaben ächzt das Klavier, es wird Zeit. Tex verabschiedet sich mit *Jamaica wun du dree* – einer witzigen Eigenkomposition, die nicht einmal eine Minute lang dauert. Er holt nochmals alles heraus, was schwarze und weiße Tasten hergeben. Dann ist Schluß.
Für heute.

Die letzten Klänge seines Jazz tragen mich leicht und behende die Stufen hinauf, die Sandstraße verschlingt mich wieder mit ihrem Gewühl und spuckt mich in der schlafenden Lugbank wieder aus.
Ich gehe nach Hause.
Doch schon nächsten Freitag heißt es wieder:
Nunder nei'n Kellä – hinab in meinen Jazz-Club.

Ein bißchen Rom? Ein bißchen Venedig?

Warum Bamberg so schön ist

Neulich in der Tiefgarage Geyerswörth.

Vorweihnachtliches Gedränge, adventliche Hektik. Die Stadt ist voll, und das an einem Sonntag.

Ich parke meinen Kleinstwagen in einer der letzten Lücken, als ich bemerke, wie nebenan laut fluchend ein Schwall Tschechisch aus einem Fahrzeug brandet, das offensichtlich fast einen der unnachgiebigen Betonpfeiler gestreichelt hätte.

Ich drehe mich um und traue meinen Augen nicht: Was machst Du denn hier, František, rufe ich überrascht. Vor mir nämlich fuchtelt jemand herum, den ich vor einigen Jahren zufällig in Prag kennengelernt habe.

Kleiner winterlicher Wochenendausflug, knurrt er und schlägt krachend die Tür zu seinem Škoda zu, ganz schön eng hier bei Euch.

In Prag ist es doch auch nicht anders, wende ich ein. Und mit einem überlegenen Lächeln füge ich hinzu: Immerhin, eine verbindende Gemeinsamkeit unserer beider Städte, oder?

František dagegen: Das wird ja wohl kaum die Basis für die Partnerschaft unserer beider Städte sein.

Bist Du etwa deswegen hier, will ich von ihm wissen, denn just ist das von der Öffentlichkeit unbemerkte Jubiläum der Verschwisterung von Bamberg und Prag. Oder willst Du auf den Weihnachtsmarkt? Das will oder kann ich mir angesichts des wundervoll romantischen Pendants in der tschechischen Hauptstadt aber nicht so recht vorstellen.

Wenn ich ganz ehrlich bin, nein, sagt František. Ich habe neulich einen Bericht gelesen, darin hieß es, Bamberg wäre ein bißchen Rom und ein bißchen Venedig. Im Original ist mir beides zu weit, also bin ich die dreieinhalb Stunden zu Euch hergefahren.

Und – was erwartest Du, frage ich František.

Na, ein bißchen Venedig, ein bißchen Rom.

Okay, sage ich, fangen wir mit Rom an.

Wir wandern also los.

Vom Parkhaus geht es am Wasser entlang über den hölzernen Steg zur Brudermühle. Zaghafte Fäden der Wintersonne weben ein verwischtes Bild aus den Grautönen des wirbelnden Wassers am Wehr und den zarten tiefhängenden Nebelschwaden. Ich beginne schnell zu dozieren: Weißt Du, František, Bamberg ist deswegen so schön, weil es mit Rom seelenverwandt ist. Die beiden gehören irgendwie zusammen.

Und wirklich: Da sind Plätze und Kirchen, Wasser und Brunnen und Brücken.

Natürlich ist aber bei uns alles viel kleiner als in der Ewigen Stadt, werfe ich ein.

Alles kleiner.

Wir schweigen und lassen bereits das Pfahlplätzchen links liegen. Dann geht es durch die Lugbank, doch niemals gehe ich achtlos durch diese kleine geheimnisvolle Straße, ohne dem Leschenbrunnen einen Besuch abzustatten. František murmelt etwas von Münzen hineinwerfen wie bei der Fontana di Trevi, aber ich halte ihn davon ab. Der uralte Born, der hier seit 1570 sprudelt, braucht das nicht, auch wenn ihm etwas mehr Aufmerksamkeit und Pflege durch die Stadt guttun würde. Früher, ja früher, erzähle ich František, war der Leschenbrunnen richtig wichtig, denn wenn die Buben für ihre Väter in die naheliegenden Brauereien und Gasthäuser zum Bierholen geschickt worden sind, haben sie gern ein paar Schluck aus dem offenen Tonkrug getrunken und den dann einfach am Leschenbrunnen wieder aufgefüllt…

Schließlich marschieren wir durch die Roppeltsgasse, den Vorderen und Hinteren Bach den Domgrund hinauf.

Alles kleiner? Bis auf eine Sache, schnauft František, dem offenbar der sanfte, aber stetige Anstieg etwas zusetzt: Rom wurde auf sieben Hügeln errichtet, hier in Bamberg habt ihr ja richtige Berge. Er deutet nach links, wo der Kaulberg unterhalb Oberer Pfarre und Domterrassen hinabstürzt.

Du hast natürlich völlig recht, erwidere ich, die popeligen Anhöhen in Rom sind ja noch nicht mal 70 Meter hoch. Der Michelsberg ist zum Beispiel 285 Meter, die Bamberger Altenburg ist sogar fast 390 Meter über dem Meeresspiegel. Schon ein kleiner Unterschied, oder?

Wir wandern den Domgrund weiter nach oben, so wie unser Blick. Er verfängt sich schließlich in den vier mächtigen Domtürmen. Vier Fingerzeige Gottes: Seht her, welch wunderschöne Stadt! Vier Domtürme – vier Wegweiser zum Himmel. Wie wahr! Bamberg, eine Stadt, die sich über den Dom mit dem Himmel vereint und die wie der Himmel auf Erden ist. Für mich jedenfalls.

Das helle Kupfergrün der Dächer sieht im diesigen Winterwetter verwaschen aus. In nur wenigen Monaten wird es wieder mit dem jungen Frühlingsfrisch in den Gärten wetteifern. Kleines Steuobst wohnt dann friedlich neben mächtigen Bäumen mit schützenden Kronen, zwei riesige Stämme liegen wie die Zeiger einer kaputten Uhr in der Wiese. Und insgeheim freue ich mich schon auf Mitte März, wenn der erste Bärlauchduft in der Nase kitzelt. Jedes Jahr, wenn es wieder soweit ist, glaube ich zu sehen, daß auch die steinernen Domkühe und Lastesel am Eckportal des Turms den herrlichen Kräuterduft schnuppern, der aus den Wiesen zu ihnen in die hohen lichten gotischen Etagen emporsteigt. Schon wegen dieser liebevollen Denkmäler für die einstigen Arbeitstiere, die schweres Baumaterial heranschleppen mußten, ist mir der Südwestturm heute der liebste Turm. Wahrscheinlich aber auch deswegen, weil er so lange hinter Gerüsten und Abdeckungen verborgen war…

Verbergen und verstecken, das kann der Domgrund sowieso ganz gut. Zum Beispiel ein halbes Dutzend Kinder, in dicke Anoraks gehüllt, die gerade mit Gejohle aus dem Beton-Tintenfisch herauspurzeln, der linkerhand im kleinen lauschigen Waldspielplatz sein Zuhause gefunden hat. Eine schläfrige Katze kommt plötzlich aus dem Unterholz durch die Schneereste auf mich zugetapert, schnurrt mir um die Beine und springt dann auf das Fenstersims eines kleinen Häuschens. Als wäre es ein Pförtnerhaus, wacht es über die Einmündung vom Domgrund in die Matern, Sutte und ins Knöcklein.

Das hat auch was von Rom, meint František gedankenversunken.

Ich stutze: Was genau meinst Du?

Na ja, die Tatsache, daß mehrere Straßen in einen Platz münden!

Jetzt übertreibt aber der František maßlos, denke ich und ergänze: Verwechselst Du da nicht etwas? Du spielst wohl weniger auf die Piazza Navona oder die Piazza del Campidoglio an, sondern vielmehr auf den Place de l'Étoile in Paris, wo sich gleich zwölf Straßen kreuzen.

Okay, okay, räumt František ein, aber schau doch mal: Hier trifft sich doch mindestens auch eine Handvoll Straßen. Und in der Tat: Auch wenn sich vor mir nur so etwas ähnliches wie ein kleiner Platz ohne Namen auftut, wo gibt es das sonst in Bamberg – Domgrund und Knöcklein, Matern und Sutte bilden zusammen mit Gartenstraße, Altenburger Straße und Panzerleite einen zugegebenermaßen etwas verwackelten, doch immerhin siebenstrahligen Stern.

Vielleicht sollte ich künftig das Ganze hier Siebenstern-Platz nennen. Wer weiß, vielleicht wächst im Frühling der Siebenstern, eine kleine weiße Primelart, sogar in den Gärten rund um den Domgrund.

Jetzt ist freilich von alledem nichts zu sehen. Je höher wir kommen, desto weißer wird die Landschaft.

Was hast Du vor, will František wissen, und beschleunigt plötzlich seine Schritte. Wart's ab, bremse ich seinen Elan, ich will Dir eine Ansicht von Bamberg zeigen, wie sie kaum jemand kennt.

Keine Altenburg, kein Michelsberg, kein Domberg – ich habe etwas ganz anderes, ganz Bescheidenes im Sinn. Mit František möchte ich von der Sutte aus über den Teufelsgraben hinauf. Gemeinsam mit der Lorbersgasse, der Dr.-Remeis-Straße und dem Gackensteinweg bildet er ein Gelände, das wie ein magischer Pfeil Richtung Stadt zeigt.

Aber noch sind wir nicht da. Immer wenn ich in der Sutte bin, genieße ich die kuschelige Atmosphäre der kleinen Häuschen. Als hätt' der Herrgott ein Säckchen Murmeln ausgeleert, so kullern sie die Straße vom Jakobsplatz herab und bleiben unten in der Senke brav liegen. Lieb sehen sie aus, so, als würde eines das nächste umarmen. Zwischen Nummer 15 und Nummer 17 zweigt dann klein und unscheinbar und zunächst nur zu Fuß begehbar der Teufelsgraben ab. Es zieht ein eisiger Hauch durch die engen Hauswände. Hier liegt Bambergs Kältepol. An keinem Punkt der Stadt wurden tiefere Temperaturen gemessen.

František ist ganz begeistert von diesem geheimen Ausstieg aus der Stadt, aus der Kultur in die Natur. Wie eine kleine Schlucht. Aber etwas anderes, das gefällt mir noch besser, meint er vielwissend. Die unmittelbare Nachbarschaft von Höllischem und Himmlischem – und macht eine ausladende Geste vom Teufelsgraben bis hin zu den Domtürmen…

Ein Flickenteppich aus Wiesen und Hecken breitet sich linkerhand aus, dazwischen schlängeln sich kleine Pfade hindurch. Knorriges Gehölz erhebt sich scharfstachelig und kahl in die kalte Luft, genauso wie das bizarre Gerüst eines Klettergartens, das mit seinen Seilen und Pfählen im Winterschlaf verharrt. Zwei Spaziergänger mit ihren Hunden weitab genießen die Stille, das Watteweiß des ersten Schnees dämpft ihre Schritte.

Noch ein bißchen weiter gehen wir, biegen vom Teufelsgraben in die Lorbersgasse ein, noch ein bißchen weiter, noch ein bißchen höher.

Plötzlich drehen wir uns beide gleichzeitig um, der Blick geht Richtung Stadt und mit einem Male sind wir auf Augenhöhe mit dem Dom. Wir müssen nicht mehr ehrfurchtsvoll zu ihm aufschauen, sondern fast ist es so, als winke er mit seinen Domturmfingern. Von keinem anderen Winkel der Stadt wirkt der Dom so vertrauenserweckend, fast freundschaftlich.

Das hat so ganz und gar nichts mit Rom zu tun, meint František. Ich nicke zustimmend.

Und trotzdem – oder gerade deswegen – ist Bamberg auch an diesem Fleck schön, so schön.

Allmählich legt sich langsam die Dämmerung wie eine schützende Hand über uns. Wir haben die Zeit vergessen, hier hinten im Niemandsland Bambergs.

Rom hin oder her – wie wäre es statt dessen mit etwas Venedig, frage ich. Wir brauchen nur zurückzuschlendern, ganz schnell sind wir dann unten am Leinritt und lassen uns dann von den in die Regnitz gebauten schnuckeligen Fischerei-Häuschen ein Canale Grande-Feeling vorgaukeln.

Ich habe genug gesehen, sagt František, jedenfalls für heute Nachmittag. Ich habe genug gesehen, wiederholt er, genug, um Bescheid zu wissen, warum Bamberg so schön ist.

Warum?

Nein, nicht weil es Gemeinsamkeiten mit Rom oder Venedig hat, sondern weil es so viele Gemeinsamkeiten mit Prag gibt. Klar, einen Altstädter Ring habt ihr zwar nicht, nur einen Maxplatz.

Aber: Pfahlplätzchen und Sutte, das sieht doch aus wie die Malá Strana, die verwunschene Prager Kleinseite. Die Hänge unterhalb der Altenburg mit Blick auf den Dom, das erinnert mich an die Gärten rings um den Letná-Berg, und Euer Kloster Michelsberg, das ist unser Kloster Strahov, der Hradschin – das ist Euer Domberg. Die Regnitz ist zwar schmäler, aber genauso silbrig wie die Moldau. Und selbst Eure Obere Brücke kann, obwohl sie viel, viel kleiner ist, mit unserer Karlsbrücke mithalten.

Prag ist die große Schwester Bambergs,
Bamberg ist die kleine Schwester Prags.
Deswegen ist Bamberg so schön.

Alle Jahre wieder…

Das Weihnachtshaus

Kurz nach Allerheiligen tut sich was bei uns in der Nachbarschaft. Trotz Schmuddelwetter sieht man Familie Sickmüller jetzt häufiger vor dem Haus. Da wird gewerkelt, gebastelt, gefummelt. Nein, keine normale Gartenarbeit ruft da, die Sträucher sind längst gestutzt, das Laub ist fein säuberlich geräumt. Ruhig ist es. Das Meer der gelb-orangen Tagetes brandet nicht mehr den grünen Hang hinauf. Auch der Sickmüllersche Rasenmäh-Roboter hält seinen verdienten Winterschlaf. Aber andere elektronische Helfer kommen da plötzlich zum Vorschein. Meterlange Kabel und Verlängerungsschnüre, Verteiler und Trafos und vor allem

Leuchten, Lampen und Lämpchen. Das ganze nimmt Ausmaße an, wie man sie bei der Installation einer neuen üppigen Vorgarten-Beleuchtung vermutet.

Ist es aber nicht.

Es ist der Auftakt zur Weihnachtsilluminationǃ

Als allererstes bastelt Herr Sickmüller jede Menge Halterungen. Die sehen aus wie hölzerne Miniatur-Strommasten. Daran bahnen sich als kleine Überlandleitungen zahllose Glühbirnchen ihren Weg links und rechts der langgezogenen Treppe hin zur Haustür. Dann kommen die Geländer dran, die Fensterrahmen und Gartentore. Und dann die Buchshecken. Und schließlich eine Fahnenstange, an der sonst während des restlichen Jahres eine große Bayern München-Flagge weht. Alles wird umwickelt mit Lichtschläuchen, Glüh-Netzen und Blink-Lampen.

Und dann das Hausdach: Wie viele Lämpchen sind auf dem Dach? Mehrere tausend bestimmt.

Zehntausend? Hunderdtausend??

Eine Million???

Nein – gefühlt mindestens eine Milliarde, um mit der politischen Mindestmaßeinheit zu sprechen.

Über das Dach ziehen sich also mindenstes mehrere Milliarden Lämpchen, die als leuchtende Kaskaden in die dunkle Nacht stürzen. Aber eigentlich, so sagt mir Herr Sickmüller, sind es ja nur zwischen 13.000 und 14.000 Lichtchen, Genaues weiß er nicht. Nur, daß alles vor 13 Jahren angefangen hat mit einem Bruchteil. So 3.000 bis 4.000 Lämpchen mögen es damals gewesen sein, mehr nicht.

Jedes Jahr ist dann immer wieder Neues dazugekommen. Und zu den Lampen gesellten sich dann die ersten Nikoläuse. Stehend, hockend, auf einem Schlitten sitzend, mit oder ohne Geschenkpaketen, und schließlich mein Favorit – Santa Claus ganz oben auf der Bayern München-Fahnenstange.

Ach, so denke ich mir, möge doch das ganze Jahr über Weihnachtssaison sein…

Wie schon die Lämpchen, so wurden auch die Nikoläuse jedes Jahr mehr. Es war (und ist im übrigen) ausgemachte Sache, daß wir – die restlichen Nachbarn – uns wie auf ein geheimes Zeichen unverabredet kurz vor dem ersten Advent in der schützenden Dämmerung am Sickmüllerschen Anwesen treffen: Na, was ist denn dieses Jahr neu am Weihnachtshaus? Irgendeine neue Nikolaus-Variante ist garantiert in jedem Jahr dabei.

Unvergessen das Jahr, als sich plötzlich ein überlebensgroßer Weihnachtsmann an der Hausfassade abseilte.

Sensationell auch die Entdeckung, als eines dunklen Abends im Advent plötzlich zwei sanft glühende Rehe nickend im Vorgarten grasten.

Den Renner machte aber letztes Jahr ein elektrifizierter Christbaum, an dem ganz leise LED-Schneekristalle in kalt-frostigem Stahlblau herniederrieselten.

Nicht nur wir Nachbarn raunen uns jedes Jahr zu: Oh, bald ist es wieder soweit. Sondern auch die versammelte Katzenschar aus der Nachbarschaft trifft sich zum Stelldichein. Luna und Lolli, Tommy und Mimi, Felix und Gisi lassen sich offenbar nur zu gern von der Sickmüllerschen Katze zum jährlichen Weihnachtshaus-Stelldichein einladen. Es streunt sich halt besonders gut unter beleuchteten Schlittenkufen und glühenden Nikolaus-Bäuchen. Eins ist klar: Tumbe, schwanzwedelnde Hunde haben nichts in diesem Illuminationsidyll verloren – Daisy Sickmüller verteidigt ihr Weihnachtsrevier.

Ich gebe es zu: Ich fand die ganze Aktion erst völlig deplaziert, amerikanisch und einfach nur kitschig. Aber mittlerweile, so mit den Jahren, kann ich mich des Zaubers dieses glühenden Anwesens nicht mehr entziehen. Sehnsüchtig warte ich schon auf den Tag, an dem der erste Testlauf durchgeführt wird. Schließlich muß Industriemeister Sickmüller auch sicherstellen, daß alle 16 (in Worten: sechzehn) Zeitschaltuhren synchronisiert ihren Dienst verrichten. Nach dem ersten erfolgreich absolvierten Probe-Leuchten folgen dann weitere Durchgänge, hie und da wird noch ausgebessert, nachgebessert und verbessert.

Dann schließlich ist es soweit.

Meistens zeitgleich mit der Eröffnung des Bamberger Weihnachtsmarktes auf dem Maxplatz er s c h e i n t buchstäblich dann auch das Weihnachtshaus in der Panzerleite in seinem vollen Ornat. Wenn dann allmählich die allabendliche Dunkelheit hereinbricht, geht einem wortwörtlich ein Licht auf – nein, Sie wissen schon, nicht nur eines!

Sondern alle! Im Prinzip ist es dann nämlich so hell, daß die gesamte Westkurve der Panzerleite weder Straßen- noch Hausbeleuchtung nötig hat.

Böse Zungen haben gar behauptet, daß das Weihnachtshaus mit seiner grellen Illumation mehrfach von einschwebenden Flugzeugen für den Nürnberger Flughafen gehalten wurde und es fast schon zu peinlichen Landeversuchen gekommen wäre… Selbst dichtes Schneegestöber hätte dies nicht verhindern können. Und das trotz Berglage der Panzerleite: Wenn es nämlich schneit, so bleibt hier der Schnee eigentlich immer zuerst liegen. Nur nicht am Weihnachtshaus. Die ganze Beleuchtung sondert einfach so viel Wärme ab, daß jede noch so dicke dichte Flocke gleich wieder wegtaut. Nur in den ganz strengen Wintern haben wir die perfekte Kombination genießen dürfen: weiße Pracht und Lichterglanz und wie von selbst kommt eine traute Melodie über unsere Lippen:

♬ ♬ ♬ *…a beautiful sight, we're happy tonight*
walking in a winter wonderland. ♬ ♬ ♬

Bin ich weniger romantisch aufgelegt, dann finde ich die Beleuchtung nicht nur einfach hell, sondern schon grell. Aber das hat natürlich auch einen Vorteil: Während wir Anwohner dank diesem vorweihnachtlichem Glanz unsere Stromkosten drastisch reduzieren können, beschert Herr Sickmüller den Stadtwerken eine ordentliche Sonderkonjunktur. Einmal habe ich mich getraut, ihn auf seine Stromrechnung im Dezember anzusprechen. Ja, meinte er, fast 600,-- Euro müsse er schon extra berappen. Aber, ABER – er rüste nun allmählich um auf LED-Lämpchen, und das wäre nicht nur gut für die Umwelt, sondern auch für seinen Geldbeutel.

Doch bekanntlich wollen wir vor allem während der Weihnachtszeit nicht so viel davon wissen. Ganz im Gegenteil: Das leuchtende Anwesen hat eine magische Anziehungskraft auf jung und alt von überall her. Zwar ist die Panzerleite zu den üblichen Berufsstoßzeiten eine gern befahrene Straße, aber ansonsten ist sie eher ruhig. Im Advent ändert sich dies gewaltig, vor allem an den Wochenenden. Schlangen, Kolonnen und Konvois schieben sich andächtig am Sickmüllerschen Anwesen vorbei, viele Autofahrer bleiben stehen, steigen aus, machen Fotos. Manche gaffen so intensiv im Stop-and-go-Rhythmus, daß sie dabei nicht selten einen Massen-Auffahrunfall provozieren. Die allermeisten aber fahren einfach nur langsam und staunend daran vorbei. Wir beäugen argwöhnisch diese saisonale Verkehrsbelastung. Aber Herr Sickmüller freut sich: Endlich wird bei uns das vorgeschriebene Tempolimit 30 km/h eingehalten.

Jedes Jahr nehmen wir Nachbarn uns vor, daß es eigentlich an der Zeit ist, aus diesem Stoßverkehr Kapital zu schlagen und die Autofahrer mal richtig abzuflöhen. In unseren Schubladen liegen ausgetüftelte Pläne, jeweils kurz vor und nach dem Weihnachtshaus eine Art Mauthäuschen mit

Schlagbaum zu errichten und von den Autofahrern eine Art Wegezoll zu erheben. Alternativ gibt es maßstabsgetreue CAD-Entwürfe für eine Bude, an der wir Glühwein ausschenken und Plätzchen verkaufen wollen.

Wieder liegt ein Jahr hinter uns, in dem wir es nicht geschafft haben.

Aber im nächsten Advent, da werden wir unsere Pläne umsetzen. Die nachbarschaftliche Solidargemeinschaft wird gemeinsam Lebkuchen backen und Butterplätzla austechen, die Männer werden Kästen mit Glühwein anschleppen und auf Gaskochern am Gehsteig erhitzen, die Kinder sammeln das Geld der Passanten ein. Ein gutgehendes Geschäft!

Und das Finanzamt Bamberg möge es uns verzeihen – einmal nur: Schwarzgeld ohne Ende! Denn dieses Schwarzgeld wollen wir nur für einen einzigen Zweck eintreiben – wir wollen es Familie Sickmüller spenden, damit sie uns auch im nächsten Jahr mit neuen Weihnachtsfiguren und LED-Girlanden erfreut und immer ihre Stromrechnung zahlen kann.

Der kühle Glanz des Mondes

Ein Armband und ein Silberschmied

Seit drei Stunden war Aufruhr bei uns zu Hause.

Direkt neben dem Heizkörper – Wassertropfen!

Dann neben dem Fernseher.

Dann auf der Holztreppe, im Flur.

Überall Wassertropfen – unerklärlich!

Wir vermuteten das Schlimmste, einen Wasserrohrbruch. Oder zumindest einen bösen Riß. Es war schließlich Winter, dazu strenger Frost unter minus 20 Grad.

Doch halt!

Spätestens als wir die Wassertropfen direkt auf dem Eßtisch bemerkten, also da, wo weit und breit kein Rohr verläuft, wurden wir mißtrauisch.

Als ich den nächsten Bissen mit der Gabel aufspießte, kam dann die unglaubliche Auflösung. Beim Händewaschen hatte sich Wasser in meinem Schmuck am linken Handgelenk verfangen, genauer gesagt, in einem kleinen Silbereimerchen, das als Anhänger mein Bettelarmband ziert.

Mit diesem kleinen *Aamäla* hat alles angefangen – es war das erste der vielen kleinen Teilchen, die der Bamberger Silberschmied Friedemann Gideon Haertl so nach und nach schuf, um sie an einem Armband aufzuhängen.

Nicht an irgendeinem Armband.

Nein, am Armband für die schöne Gärtnerin.

Es war klar, daß es irgendwann einmal auf meinem Wunschzettel stehen mußte. Schließlich bin ich selbst Gärtnerin aus Passion. Ob ich eine schöne Gärtnerin bin – keine Ahnung. Wohl eher nicht. Und schon gar nicht, wenn ich mit hurtig zurückgesteckten Haaren in der alten grünen Latzhose in der Erde buddle oder Unkraut jäte.

Schöne Gärtnerin, das geht anders.

Aber das Armband – ja, das Armband würde mich gewiß dazu machen.

Das Christkind hat dann tatsächlich meinen Wunsch erhört. Und dann lag es vor mir, mit einem einzigen Anhänger, dem Eimerchen. Schwer und schön ist das Armband, aus solidem Silber. Es hat zweiunddreißig ebenmäßige Ankerkettenglieder. Zusammengehalten wird es von einem schlichten Ring und einem Knebel – dem ältesten Verschluß der Menschheit. Ich spiele gern damit, wenn ich meine Gedanken spazierengehen schicke.

Irgendwann will ich von Friedemann Gideon Haertl genauer wissen, wie er auf die Idee kam, dieses einzigartige Schmuckstück zu entwerfen. Klar, Bamberg und die Gärtnertradition, aber das konnte doch nicht alles sein, oder? Ich frage ihn also einfach bei einem meiner nächsten Besuche: In den 90er Jahren, so erzählt er mir, war er mit seinen Töchtern im Gärtner- und Häckermuseum in der Mittelstraße. Während er damals selbstversunken die alten Werkzeuge betrachtete, spielten die Mädchen draußen im zwischengelagerten Schutt einer Porzellanfabrik und förderten dabei ab und zu ein zerdeppertes Puppenbeinchen oder -ärmchen zutage. Da wurde auch schon die Idee geboren: Genauso winzig, zerbrechlich wie die niedlichen Schuttfragmente sollten kleine Schmuckanhänger entstehen, um der Gärtnertradition ein Denkmal zu setzen.

Und zwar in Silber.

Friedemann Haertl lehnt sich zurück in seinem 50erJahre-Sessel, nimmt einen Schluck Tee und schmunzelt: Eigentlich mußte ich noch nicht einmal mit Nichts anfangen. Es traf sich nämlich, daß es bereits ein erstes Utensil gab, welches ganz gut zu dem ganzen Vorhaben paßte.

War das so etwas wie ein Protoyp, frage ich und spiele mit meinem silbernen Eimerchen am Handgelenk.

Genau das ist es, sagt er, das Eimerla, das *Aamäla.* – Ja, und wieso ausgerechnet das?

Und dann höre ich eine witzige Geschichte:

Der Mann meiner jüngeren Schwester, der Helmut, der wollte unbedingt Eimer genannt werden. Ich habe also sein Markenzeichen in Form eines silbernen Anhängers mit goldenem Henkel angefertigt, den konnte er dann um den Hals tragen…

Mein Armband schmiegt sich besänftigend kühl um mein Handgelenk und schimmert edel. So wie der Glanz des Mondes.

Der Mond – Sinnbild des Silbers.

Der Mond – Orientierung, Hoffnung, Licht in der dunklen Nacht. Zurückhaltendes Understatement am Tag.

Ja, daß der silbrige Schein des Mondes viel stärker fasziniert als die satten, stechenden Strahlen der Sonne – das kann ich irgendwie nachvollziehen. Und so verstehe ich auch, warum Friedemann Gideon Haertl in erster Linie Silberschmied geworden ist. Besonders in den runden Gefäßen, in Schalen und Schälchen fängt er den kühlen Glanz des Mondes ein. Und ganz klein, auf der Unterseite, spiegelt sich der Mond ein zweites Mal, als schmale Sichel, als kaum sichtbares traditionelles Punzzeichen der Silberschmiede.

Ich sitze im alten Liebighof, nur zwei Häuser entfernt vom Gärtner- und Häckermuseum. Da schließt sich also der Kreis… Durch die spröden Sprossenfenster fällt ein heißer Julitag in die Schmuckwerkstatt. Friedemann Haertl spricht sich gerade mit einem Kunden am Telefon ab. Ich genieße derweil die sommerdurchflutete Atmosphäre von Kreativität und Individualität, von Licht und Leichtigkeit. Hinter den alten Klinkermauern verbarg sich einst eine Kurbelwellendreherei, heute ist dies mehr als nur eine Silberschmiede, eher ein Loft mit Wohncharakter. Daß nebenher gearbeitet wird, nehme ich kaum wahr…

Während ich diese raum- und zeitlose, entspannende und zugleich anregende Stimmung einatme, erinnere ich mich noch genau daran, wie mein Eimerchen Gesellschaft bekam, von einem Schäufelchen. Wie putzig es aussieht! Es hat sogar einen richtigen Griff aus Ebenholz und eine kleine Lederschlaufe. Welch spitze Finger da wohl den Halbschlag hineingeknotet haben?

Und irgendwann kommt auch noch eine Miniatur-Gartenschere dazu. Die schneidet sogar richtig! Zum Beweis schnipsele ich mit ihr ein wenig am leeren Zuckertütchen herum, das neben meiner Teetasse liegt. – Tatsächlich sollte später einmal ein Sicherheitsbeamter am Flughafen einen etwas ernsteren Bedenkenträger-Blick als üblich auf dieses kleine Schneidewerkzeug werfen…

Die Schere ist aus nichts anderem als aus zwei Stückchen Silberdraht gemacht, erklärt mir Friedemann Haertl, der sein Kundengespräch beendet hat. Übrigens, zu Draht habe ich sowieso ein ganz besonderes Verhältnis, sagt er.

Recht hat er, denke ich, denn schon seit geraumer Zeit sind mir eigenartige drahtige Gebilde an der Werkstattdecke aufgefallen, ganz filigran und doch voluminös, fast so ausladend wie Kronleuchter. Beim genaueren Hinsehen stutze ich. Die Kunstwerke über mir sind allesamt aus einem völlig unerotischen Material gefertigt: aus alten Drahtkleiderbügeln – so, wie sie in jeder Reinigung zu haben sind.

Ja, der Draht hatte es mir schon immer angetan, schmunzelt der Erschaffer dieser luftig-leichten Himmelskugeln, und dann springt er kurz auf, um nach einem reichlich vergilbten Foto zu greifen.

Da, das bin ich!

Tatsächlich! Der schlaksige Teenager, der wie alle Jugendlichen in den 70er Jahren durch eine überlange Haarmähne besticht, hat eine gewisse Ähnlichkeit mit meinem Gegenüber.

Ein leichtes Glucksen. Lustig, gell? So habe ich mein erstes Geschäft mit selbstgebasteltem Schmuck aus Draht gemacht und mir ein ordentliches Extra-Taschengeld verdient – damals, bei meinen ersten Kundinnen, den Freundinnen meiner Mutter. Und auf dem Flohmarkt in Ebern! Konnte ich als 14jähriger ganz gut gebrauchen… Dabei war kein Geringerer als mein Vater der Auslöser, der als Künstler nicht nur ein Lager mit Papier und Pappe hatte, sondern auch versilberten Draht in einer kleinen Kiste verwahrte, die mir zum Opfer fiel.

Was klein begann, wurde größer. Jahre später sollte Friedemann Gideon Haertl den Meisterpreis der Bayerischen Staatsregierung erhalten. Sein prämiertes Werk: eine kubistische Teekanne.

Da steht sie in einer Vitrine im Liebighof und zieht meine Blicke magisch an.

So kantig, und doch so weich in ihrem Silber.

So eckig, als reckte sie sich geradewegs trotzig der sanft geschwungenen Sichel des Mondes entgegen, um mit ihren harten Linien einen nüchternen Kontrapunkt zu setzen.

Ein würfeliger Korpus mit einem runden Henkel – die Quadratur des Kreises gibt es also doch?

Welch ein Widerspruch. Und welch Harmonie. Und das alles in einer Teekanne.

Übrigens, ein kleines Kännchen, *a Giesäla*, eine Gießkanne ist dann der nächste Anhänger, der mein Armband ziert.

Einfaches Gartengerät wird zu Schmuck. Werkstatt für Schmuck und Gerät, so nennt auch Friedemann Gideon Haertl seinen ersten Laden, den er 1991 am Pfahlplätzchen eröffnet. Aber erst einmal sollten sich die Lehrjahre in Regensburg aufzwängen. Eine schreckliche Zeit, gesteht mir der heutige Meister, ein Wunder, daß ich es überhaupt durchgehalten habe. Dann ein Hoffnungsschimmer, der buchstäbliche Silberstreif am Horizont – und zwar in der Benediktinerabtei Münsterschwarzach.

Jetzt werde ich richtig neugierig. Was kann in einem alten Klostergemäuer denn schon an Neuem, Kreativem entstehen, will ich wissen.

Doch eine ganze Menge!

Bei der Eucharistie-Feier werden ja nur Gefäße aus den feinsten und edelsten Materialen verwendet. Im Liebighof sehe ich davon wenig, ahne aber, welch große und finanzkräftige Klientel in und um die Kirchenhochburg Bamberg gewachsen ist, die hier mal eine hübsche Hostienschale benötigt, dort mal einen schicken Kelch und da mal einen schmucken Bischofsring…

Einen Ring trage ich nicht an der Hand, welche mein Gärtnerarmband ziert. Nichts soll von seinem Glanz, seiner Schönheit, seiner Originalität ablenken. Aber Ringe sind bei mir dennoch im Spiel, viele freie Ringe an meinem Armband. Es wird Zeit, die Früchte der getanen Arbeit dort baumeln zu sehen. Wie wäre es mit ein paar Erzeugnissen, die ich der heimatlichen Scholle abringe? Zum Beispiel *an Kren* – der Meerrettich. Seit dem Mittelalter ist diese urwüchsige Heil- und Gewürzpflanze eng mit Bamberg verbunden und sorgt für eine gehörige Portion Schärfe in den Küchen der Domstadt. Ob der weiße Rübenstrunk, der so ganz allmählich im Laufe der Jahre die Patina des Alltags angenommen hatte, aus Elfenbein ist, will ich von meinem Schmuckschöpfer wissen.

Der schüttelt den Kopf. Nein, der ist aus Cacholong.

Aufgemerkt – was ist das denn? Jetzt bin ich es, die den Kopf schüttelt – nie gehört!

Ich bekomme einen kleinen Vortrag über diese seltsame porzellanartige Opal-Art und erfahre, daß es noch einen Dritten gibt, der den Kopf schüttelt, nämlich derjenige, der beim Schleifen dieses Steins stets verzweifelt, weil er so unglaublich hart, zäh und widerspenstig ist.

Der kleine Scharfmacher sieht an meinem Armband herzallerliebst aus, vor allem wegen seines knuffigen grasigen Bürzels. Aus Jade ist der. Ein winziges grünes Krönchen! Und mit den Kronen hat es Friedemann Haertl ja – spätestens seit er den Auftrag von der Oberfrankenstiftung erhielt, zum 1000jährigen Domjubiläum eine Nachbildung der Krone von Kaiser Heinrich zu schaffen. Innerlich stimme ich ein Loblied auf diese Meisterleistung an, nicht nur wegen der unglaublichen Grandezza, die dieser erhabene Kopfschmuck ausstrahlt, sondern weil wir Bamberger den Großkopferten in München eine lange Nase drehen konnten. Seit dem 19. Jahrhundert und seit der Sakularisation – also seit dem Moment, in dem die Bayern uns Franken zwangseingemeindet haben – wurde *unsere* Krone von *unserem* Kaiser Heinrich von *denen da* mitsamt dem Domschatz in *denen ihr* München verschleppt. Irgendwann haben wir uns in Bamberg gesagt: Wenn die dort unser Original nicht rausrücken wollen, dann sollen sie doch drauf hockenbleiben, bis sie schwarz werden. Ich glaube, die haben uns gar nicht ernstgenommen. Im Gegenteil, die haben uns sogar öffentlich in der Süddeutschen Zeitung als Deppen verspottet und behauptet, wir könnten nicht mit Niederlagen umgehen. Alles Quatsch. Wir Bamberger haben uns eben selbst eine Krone gemacht, natürlich getreu dem Original. Und dennoch, sie ist viel schöner, wetten? Und sie glänzt viel güldener, ätsch!

Danke, Friedemann Haertl,
danke Oberfrankenstiftung!

Der friedliche Liebighof weiß indes nichts von all den Querelen. Er ist ein Hort der Harmonie, sein

Hausherr ist der Anwalt alles Schönen. Ja, ich gebe zu, daß ich schon ein wenig den Haertl-Laden in der Innenstadt vermisse. Vom Pfahlplätzchen zog er irgendwann um an die Obere Brücke. Wie gerne verharrte ich dort an seinen Schaufenstern, verlor mich in den originellen Dekorationen, allesamt eigenständige Kunstwerke, um den eigentlichen Kunstwerken aus Silber, Gold und Edelsteinen den richtigen Rahmen zu verpassen.

Im Liebighof geht es dagegen viel bedächtiger und fast *a wengla* bodenständig zu. Die Nähe des Gärtnerviertels strahlt ab. Da steht eine alte Holzbank vor dem Eingang. Und tönerne Kübel mit Grünpflanzen. Alles wirkt ehrlich und irden. So wie der vorerst letzte Anhänger an meinem Armband: eine Kartoffel. Natürlich nicht irgendeine, das wird eh jeder wissen, der diese Zeilen liest. Es muß natürlich das Bamberger Hörnla sein, klein, knurpselig, wie frisch aus dem Gartenboden geholt. Nur zu logisch, daß es nicht aus Silber ist, sondern aus Messing, so wie die warme sonnengetränkte Ackerkrume.

Und trotzdem, auch ohne Silber: Die teuerste Kartoffel der Welt, lächelt Friedemann Gideon Haertl verschmitzt, als ich die kleine kunstvoll gefertigte Knolle andächtig zwischen den Fingern reibe.

Bamberg in meiner Hand.

Bamberg an meiner Hand.

Das Armband macht es möglich, daß ich meine Heimat immer bei mir habe, egal wohin es mich treibt. Natürlich, ich hätte mir auch noch eine

Erdbeere oder Schnecke dranhängen können, aber ich warte auf den Tag, an dem Friedemann Gideon Haertl wieder einmal mit Draht experimentieren wird und eine Nachbildung der verschlungenen Süßholzwurzel schafft. Das Gärtnersinnbild Bambergs schlechthin! In natura bis zu zwei Metern Spannbreite, und dann mannstief unter der Erde – selbst für eine Miniatur werde ich doch noch ein bißchen Platz am Handgelenk reservieren müssen.

Zum Beweis streife ich das Armband ab und lege es vorsichtig vor mir auf den Tisch. Wie von selbst formt es die Sichel des Mondes und lächelt mich mit seinem kühlen Glanz an. Ist es eine Aufforderung, das Gärtnern mit dem Mond ernst zunehmen? Warum nicht.

Da zeigt mir Friedemann Haertl noch etwas ganz besonderes: Das da, das ist das *Beggfreddla* – wiederum ein echtes Original. Noch nirgends außer hier in Bamberg habe ich solch ein Gartengerät gesehen. Es ist keine Hacke, keine Schaufel, kein Rechen – aber von allem etwas. Wie ein kleiner Schneeschieber sieht das Ding aus, das man zum Bodenauflockern, Jäten, Ausputzen, zum Ziehen von Rillen und Furchen und zum Zumachen derselben verwendet. Wie die wörtliche Übersetzung von *Beggfreddla* heißt, kann mir im Moment keiner sagen. Auch nicht Friedemann Haertl. Macht nichts. Aber es macht das kleine Gerät noch begehrenswerter.

Ich glaube, es wird der nächste Anhänger, den ich mir an mein Armband hänge. Dann erst werde ich wirklich zur schönen Gärtnerin.

Wo sich Fuchs und Hase Gute Nacht sagen

Idyll am Sauersberg

Eines Abends ist es dann wieder soweit.

Zwischen wuchernden Brombeerhecken und knorrigen Zwetschgenbäumen, zwischen Wiesenkräutern und wilden Fliederbüschen schwirren in der violetten Dämmerung die ersten Glühwürmchen. Später gesellen sich kleine, fast lautlos huschende Schatten dazu: Fledermäuse. Sie haben gerade ihre Wohnungen in Rinde, Borke und Spechthöhlen verlassen und flattern den Nachtfaltern hinterher. Auf einigen brachliegenden Flurstücken türmen sich im Schutze verfallener Mauern kleine Haufen mit trockenem Holz.

Es ist die Zeit der Sonnwendfeuer, es ist kurz vor Johanni.

Ich bin am Sauersberg.

Während andere Bamberger vom Michelsberger Wald, vom Hauptsmoorwald, vom Bruderwald schwärmen, zieht es mich an den Sauersberg. Eingerahmt von Altenburger Staße, Panzerleite, Rößleins- und Sückleinsweg schwingt er sich sanft im Südwesten der Stadt empor. Er sieht aus wie auf einem der gemalten Bilder in alten Kinderbüchern. Sanfte Wellen aus grünem Samt, Kissen aus smaragdenem Plüsch.

Abends sind seine Hänge, seine Wiesen voller Geheimnisse. Es zirpt und wispert, raunt und flüstert. Ich bin sicher, in den verborgenen kleinen Bachläufen, die sich den Sauersberg hinabziehen, kichern grüne Wassergeister und hinter den hohen Halmen spielen kleine Feenkinder Verstecken. Fast ganz unten am Fuße des Sauersbergs, da wo drei kleine hutzelige Weiden stehen, die mir gerade einmal zum Kinn reichen, klingt plötzlich in mir die Strophe eines alten Volkslieds:

Und steigt aus tiefem Tale heimlich und still die Nacht,
und sind vom Mondenstrahle Gnomen und Elfen erwacht:
dämpfet die Stimmen, die Schritte im Wald,
so hört ihr und seht ihr manch Zaubergestalt,
|:die wallt mit uns durch die Nacht.:|

Und das alles nur einen Steinwurf entfernt von der Stadt. Dann hüllt der dunkle Himmel alles ein. Es ist die Zeit, wenn Fuchs und Hase sich Gute Nacht sagen. Die beiden sind froh, daß sie am Sauersberg wohnen dürfen. Sie wollen ihre Ruhe haben und die finden sie hier ganz sicher. Sie haben ihren Unterschlupf gefunden, da oben, da, wo die Eichen große Horste bilden und das Unterholz beinahe undurchdringlich ist und es nur selten Menschen hinzieht – erst recht in der Nacht.

Morgendämmerung. Es ist vielleicht gerade mal halb sechs in der Früh, da zieht es mich in die pastellene Landschaft des Sauersbergs. Eine Sinfonie aus Vogelstimmen begrüßt den Tag. Da plötzlich über mir ein melodisches, sanft singendes *dididlioh.*

Wer war das denn? Keine Amsel, keine Meise. Kein Rotkehlchen, kein Star – nein.

Und eine Nachtigall schlägt jetzt auch nicht.

Dann wieder – *dididlioh.*

Und noch flehender – *dididlorioloh.*

So wundersam und schön flötet dieser Vogel, daß ich ihn den Wundervogel nenne. Eine Vogelkennerin bin ich nämlich nicht.

Erst viel später sollte ich nach vielem Nachfragen und mühsamem Nachsingen der Vogelmelodie erfahren, daß es der Pirol ist. Das Internet und das Tondokument auf YouTube haben ihn dann schließlich zweifelsfrei identifiziert. Gesehen habe ich ihn aber noch nie, den Pirol. Und das, obwohl er ein knallgelbes Gefieder hat.

Der Pirol ist scheu. So scheu, daß er unbemerkt im Mai und Juni in den hohen Bäumen am Sauersberg wohnt und dort im Verborgenen die reine Luft der Streuobstwiesen genießt.

Der Sauersberg – ein Vogelparadies. In den klaren Nächten ruft das Käuzchen, morgens weckt der Kuckuck. Und einen Storch, vielleicht den aus dem Frensdorfer Storchennest, habe ich auch schon mal gesehen…

Jetzt wird der Sauersberg wachgeküßt von den gleißenden Strahlen der Frühsommersonne. Sie erweckt Milliarden von Tautropfen als winzige Wiesendiamanten. Das Grün flimmert und glitzert, als hätte die heilige Kunigunde höchstselbst den Sternenmantel über ihm ausgeschüttelt.

Dann steigt die Sonne höher. Duftige Schleier von Wiesenschaumkraut lassen die Konturen ganz weich werden, wie auf einem zarten Aquarell fließen die Pinselstriche der Natur ineinander. Nur ein winziger Trampelpfad zieht sich als frische Narbe über die sonst makellosen Wölbungen des Sauersbergs und führt vom Rößleinsweg hoch zu einem verwunschenen Anwesen. Nein, ein richtiges Haus ist es eigentlich nicht. Es sieht vielmehr aus wie eine verkleinerte Nachbildung, eine Miniatur mitten in freier Flur. Es ist ein klassisches Feldhüterhäuschen. Der Feldschütz wohnte immer dann dort, wenn er auf den Wiesen, Weiden und Hängen nach dem Rechten sah. Aber hier am Sauersberg wuchs früher Wein. Und so ist das kleine schnuckelige Häuschen dann auch eher ein Weinbergshäuschen, dessen Fenster heiter ins Tal lachen, sogar aus seinem barocken Dach heraus. Es ist so herzallerliebst, daß es sogar ein Bamberger Krippenbauer als Vorlage für das Motiv der Herbergssuche von Maria und Josef verwendet hat. Während es im Herbst und Winter keck zwischen den kahlen Ästen einer kleinen Baumgruppe hervorlugt, wohnt es jetzt hinter einem dichten Vorhang aus dunkelgrünen Blättern. Scheu, aber auch neugierig scheint es auf mich zu warten.

Deswegen wandere ich nun zu ihm hinauf.

Um die Mittagszeit hüllen mich die Farben ein, satter und saftiger. Die Sonne sammelt sich in den grasigen Hängen.

Warm wird es, richtig warm.

Heiß.

Kein Wunder, daß sich die Weinreben früher hier am Sauersberg sehr wohl gefühlt haben. Sie werden doch wohl nicht ob ihrer Qualität Pate für seinen Namen gestanden haben? Ich stelle mir das lustige Treiben während der Weinlese vor, bunte Röcke, karierte Schürzen, weiße Kopftücher, rosige Wangen der Frauen, emsiges Ein und Aus im Weinbergshäuschen. Vielleicht trug auch sein Besitzer den Namen Sauer.

Niemand weiß es so genau.

Kann es sein, daß Sekunden und Minuten am Sauersberg doppelt so lang sind wie unten in der Stadt? Ich vergesse die Zeit um mich herum. Dem Glücklichen schlägt schließlich keine Stunde.

Doch die Pflicht ruft, ich muß hinab nach Hause, das sich – welch unglaubliches Glück – am Fuße des Sauersbergs befindet.

Mittagspause, Du warst so lang.

Und doch so kurz!

Ich räkele mich ein letztes Mal im Gras, stehe auf – und da ist er wieder, dieser unvergleichliche Blick ins Tal.

Jetzt, jetzt… einfach loslaufen, den Hang hinunter und dann die Arme ausbreiten, abheben, schweben und fliegen.

Oft träume ich diesen Traum, daß ich am Sauersberg das Fliegen lerne, daß sich mein Körper aus eigener Kraft nicht nur über die Stadt, sondern über all die irdenen Sorgen erhebt.

Es wird Nachmittag. Der Sauersberg spendet mir und meinem Zuhause ganz allmählich Kühle im Rücken. Irgendwann dringt ein leises Schafsblöken an mein Ohr, dann noch eines, und dann das quengelnde Meckern eines Lammes und gleich darauf der gedämpfte Ruf seiner Mutter. Kurze Zeit später das Geräusch raschelnder Kräuterbüschel. Dann Malmen und Stampfen. Und schließlich gefräßige Stille. Die Herde ist wieder da! Wie gern würde ich ihr entgegenlaufen, aber ich habe jetzt keine Zeit. Erst am frühen Abend, wenn die Schatten länger werden, suche ich die beruhigende Nähe der Tiere. Die Wollknäuele schieben sich gemächlich durch das Gras, bilden eine große weiße Wolke, suchen auch während des Fressens die Nähe zu ihresgleichen – friedliches Stupsen und beschauliches Käuen, beinahe biblisch.

Ich weiß: Wenn die Schafe da sind, ist ihr Hirte nicht weit. Da hinten sehe ich ihn schon stehen, kaum sichtbar verbirgt er sich mit seinem olivgrünen Umhang hinter der Herde. Ein Klotz von einem Mann. Auf einem wettergegerbten Gesicht sitzt ein dunkler Schlapphut. In sich versunken lehnt er auf dem langen Stiel seiner Schäferschippe.

„Hallo, Schäfer König", rufe ich ihm zu.

„Grüß Gott", ruft es aus den Ästen. Und bevor er sich nähert, spurten Meike und Cora, seine beiden Schäferhündinnen, wedelnd auf mich zu. Sie kennen mich noch vom letzten Sommer, als es so brüllend heiß war und ich ihnen zwei Eimer Wasser zum Saufen hochschleppte.

„Lange nicht gesehen", meint Schäfer König zu mir.

„Ja, wie schnell doch ein Jahr schon wieder um ist…" Wir tauschen die üblichen Allgemeinplätze aus, reden wie immer zunächst übers Wetter, dann klagt Schäfer König noch über die neuesten unsinnigen EU-Vorschriften zur Kennzeichnung seiner Tiere, dann schweigen wir gemeinsam.

„Und?", unterbreche ich irgendwann die Stille, „was gibt es Neues aus der Herde?"

Schäfer König stellt mir seine Lämmer vor, kleine Wirbelwinde mit langen seidigen Wimpern, flinken Beinchen und nimmermüden wackelnden Stummelschwänzen. Nachdem etwa ein halbes Dutzend von ihnen beim Spielen den Hang hinuntergekollert ist, haben sie offenbar Hunger. Sie schreien herzzerreißend nach ihren Müttern. Die sind dann auch schnell bei der Stelle.

„Da, *schaut fei amol* …", deutet Schäfer König, „das da ist ein gutes Mutterschaf. Das wartet so lange, bis ihre beiden Kinder gleichzeitig das Saufen anfangen." Klar habe ich längst gelernt, daß

Schafe fast ausschließlich Zwillinge zur Welt bringen und immer gleich zwei hungrige Mäuler stopfen müssen.

Wir verharren wieder in Schweigen und schauen der kleinen einträchtigen Familie zu.

Dann kräht Schäfer Königs Handy.

Auch beim Schafehüten ist längst die Neuzeit eingezogen.

Der Abend wird dann blau und seidig.

Oben am Waldesrand im Fuchsbau spielt die Fähe mit den Welpen, bevor sie ihnen Gute Nacht sagt. Der Hase ist sonstwo.

Das Gegenlicht füllt die Gräser und Blumen. Ein kühler Wind zieht talwärts. Aus dem sonnigen Blütenmeer des Tages wird ein zarter Flaum, der sich mit Abertausenden zitternden Härchen in den späten Himmel streckt.

Hat der Sauersberg Gänsehaut?

Selbst mich beginnt zu frösteln. Es frischt auf. Richtig kalt ist der Luftstrom, der vom Sauersberg in die Stadt weht. Woher kenne ich das gleich? Genau! In Freiburg im Breisgau nennt man diesen Wind, der sich aus den Tälern des Schwarzwaldes allabendlich seinen Weg in die Stadt bahnt, den Höllentäler.

Sauersberg, Du hast auch einen Höllentäler, gell? Denn durch die Schneisen der Panzerleite, des Domgrundes und des Hinteren Bachs zieht der kalte Hauch wie von einer magischen Kraft angezogen nach unten und belüftet die Stadt.

Doch bevor der Wind noch schneidender wird, verabschiedet er den Sommer.

Im Herbst schmücken sich die Wiesen des Sauersbergs mit Herbstzeitlosen. Nachdem sich die Maulwürfe noch ein letztes Mal ausgetobt haben, drapieren sich die zarten lila Blüten wie kleine Schnipsel aus Seidenpapier um ihre irdenen Hügel und die ersten brauen Halme. Ich suche nach Wiesenchampignons und habe Glück. Dazu ein paar späte Äpfel und ein paar Zweige voller Hagebutten. Sie sehen so schön aus. Ob ich wohl Hiffenmark kochen soll? Wenn das Sammeln nur nicht so eine dornige Angelegenheit wäre, wenn das Kochen und Durchpassieren durch die Flotte Lotte nur nicht so viel Arbeit wäre. Aber diese köstliche Marmelade ist die einzige echt fränkische Füllung für Krapfen und die ersten Weihnachtsplätzchen.

Ich wandere noch ein Stück den Berg hinauf. Nein, ich will gar nicht bis zur Altenburg, ich will lediglich an eine kleine Weggabelung, wo eine Bank steht. Die letzte Sonne des Jahres tanken! Dort lasse ich mich nieder und den Blick in den klaren Herbsthimmel schweifen. Drei, vier niedliche Kumulus-Wolken schweben über mir, wie aus Gerhard Richters Wolkenbildern – schwerelos.

Weit kann ich heute sehen! Erst an den Zügen des Fränkischen Juras, die wie ein Bollwerk gegen Eindringlinge wirken, bleibt mein Auge hängen.

Und da hinten im Norden, ist das nicht die Giechburg? Ich meine sogar, den kleinen Gügel –

die Wallfahrtskapelle der Burg – im aquamarinen Blau des Horizonts auszumachen.

Die Dämmerung kommt früh, leichte Nebel steigen auf und lullen das Wiesenhügelidyll ein. Alles wirkt weich und schmeichelnd. Selbst oben an der scharfen Wiesenkante vor dem Waldesrand, bei Reineke Fuchs. Dem wächst so ganz allmählich wieder sein dichter Winterpelz. Nach seinem Mahl aus Mäusen und Fallobst wird er heute bestimmt einen gemütlich-kuscheligen Abend in seinem Bau verbringen, sein müdes Haupt auf das wärmende Kopfkissen seines Schwanzes legen und von wilden Wiesenabenteuern träumen.

Auch der Hase hat sich längst davongemacht. Irgendwo im schützenden Gehölz wird er ruhen. Der Sauersberg sorgt schon dafür, daß es ihm, dem Fuchs und mir so richtig wohlig wird. *Oh wie wohl ist mir am Abend*, summe ich leise. Wie kommt es, daß der Sauersberg immer irgendwelche alten Volksweisen in mir weckt?

Irgendwann fällt leise der erste Schnee. Der Sauersberg ist in Watte gepackt.

Unschuldig wirkt er, so ganz in Weiß.

Und weit und hoch.

Die Wintersonne trägt ihr übriges dazu bei. Ich traue mich nicht, hier mit meinen Fußstapfen die unberührten Hänge zu durchpflügen. Ich will diese natürliche Reinheit bewahren, nicht beschmutzen. Doch bevor ich diese Gedanken zu Ende denken kann, kommen die ersten Kinder aus der Nachbarschaft zum Rodeln. Wenige Stunden später ist hier ein richtiger Wintersportort entstanden. Der Skilift freilich fehlt. Und so zieht eine dunkle Karawane mit Schlitten und Skiern auf dem gleißenden Hügelkamm nach oben. Vom Schnee gedämpft, fast so wie aus einem entfernten Freibad, weht Gejohle, Gejuchze, Geschreie den Hang hinunter.

Unten trifft man sich nach der Abfahrt zum Einkehrschwung. Der Inhalt einer Thermoskanne mit Glühwein ergießt sich dampfend in Pappbecher. Ein Flachmann kreist.

Glückseliges Lächeln auf rosigen Gesichtern.

Bei jung und alt.

So schnell, wie der erste Schnee kommt, geht er meistens auch wieder. Weiße Weihnacht hat der Sauersberg laut Deutschem Wetterdienst erst dreimal gesehen: 1969, 1981 und 2010. Und ganz heimlich, still und leise verwandelt einsetzender Sprühregen die glitzernde Winterlandschaft in eine grau durchfurchte Kratertristesse. Der Regen wird stärker. Ein ekliger Sturm zieht auf und peitscht mir die Tropfen ins Gesicht. Der Himmel hängt als dreckiger Putzlappen über den bedrohlich wirkenden kahlen Baumskeletten. Die Altenburg sehe ich kaum noch, ihr Turm ist in einer mehligen Staubwolke aus Wind, Wasser und Grau versteckt. Düstere Wolkenfetzen jagen tief über die Hügel.

Meinen Spaziergang bereue ich dennoch nicht, bis auf die Tatsache, daß sich wohl die Waschmaschine auf ein Wiedersehen mit meiner Jeans freuen wird und eine ausführliche Schuhputzaktion droht. Unter mir schmatzt und quatscht der matschige Wiesenboden, ich sinke tief ein.

Beschwerlich ist es jetzt für mich am Sauersberg. Meine Ausflüge und Wanderungen werden seltener. Der Sauersberg schmollt und zieht sich in seinen feuchtkühlen Winterschlaf zurück.

Still ist es jetzt.

Hase und Fuchs haben sich in dieser Zeit auch nicht mehr viel zu sagen, nicht mal Gute Nacht. Denn je kälter es wird, desto stärker knurren ihre Mägen. Der Hase macht sich vom Acker, der Fuchs zieht um die Häuser und traut sich was. Schließlich braucht er mehr Kalorien, um sein Fettpolster nicht völlig aufzuzehren. Wie gern würde er sich wieder einmal so wie in guten alten Zeiten im Kinderlied *Fuchs, du hast die Gans gestohlen* als frecher Räuber besingen lassen. Doch wo gibt es hier in seiner Nähe Gänseställe?

Die Temperaturen sinken deutlich unter Null. Die kalte Welt des Sauersbergs wird unnahbar. Die Sehnsucht nach Wärme und Geborgenheit nimmt zu, nach Abenden am Kachelofen, mit einem dunklen Rotwein im Glas und heimeligem Kerzenschein.

Eines Abends zieht es mich in die Stadt. Abwechslung an einem grauen Winterwochenende. Spät wird es. Und weil es gar so kalt ist, gönne ich mir den Luxus eines Taxis, das mich die Panzerleite hinaufbringt.

Plötzlich stutze ich.

Was kommt denn da für ein edler Hund auf dem Gehsteig entgegengelaufen? Ob der wohl ausgebüxt ist, fragt der Taxifahrer, denn er hat zur gleichen Zeit den nächtlichen Streuner entdeckt.

Doch als ich zum zweiten Mal und etwas genauer hinschaue, zucke ich zusammen.

Der Fuchs!

Unbeirrt trottet er stadteinwärts. Aber als er die große Kreuzung an der Artur-Landgraf-Straße erreicht, bleibt er brav stehen. Links, rechts, links – so, wie er es wohl im Verkehrsunterricht gelernt hat, guckt er nach drohenden Autos. Und weil unser Fahrzeug schon fast vorbei ist, überquert er schließlich selbstsicher die Straße und trabt gemächlich weiter, schnurstracks Richtung Sandstraße. Das kann ich ganz genau aus seinem Blick ablesen. Dort gibt es gewiß ein spätes Mahl, wenn schon nicht Brat*wörschdla* und Brezln, dann vielleicht wenigstens *a dooda Daubm* – eine tote Taube.

Eines aber steht fest:

Der Sauersberg muß wohl heute nacht ohne ihn auskommen.

Zwei dicke Zöpfe

Die schönste Bambergerin

Das erste Mal sah ich sie in Schwarzweiß.

Beim Stadtbummel durch eine Schaufensterscheibe.

Auf einer Postkarte.

Von hinten.

Ihr dickes, glänzendes Haar war sorgsam gekämmt und floß in zwei dicken Zöpfen ihren Rücken hinab. Immer weiter, über die schmale Taille hinweg, an den Hüften schmeichelnd, bis über den Po.

Nicht enden wollende Zöpfe. Gekrönt waren sie von einem zarten Diadem, das die Anmut ihrer Gestalt unterstrich. Den Kopf auf dem grazilen

Hals leicht nach rechts gebeugt, den Blick gesenkt, von störenden Betrachtern abgewendet, strahlte sie scheuen Stolz aus.

Ich lugte in das Ladenfenster und wollte wissen, wer da auf der Postkarte posierte.

Information – Fehlanzeige, es war weit nach Ladenschluß. So ging die Phantasie mit mir spazieren:

Diese Zöpfe… war sie Rapunzel?

Dieses edle Krönchen… war sie eine Schönheitskönigin?

Der weich fallende Stoff entlang ihrer gebräunten Hüften… war sie gar eine sonnengeküßte bezaubernde Badenixe, nur mit einem dünnen Laken verhüllt?

Ich preßte nochmals mein Gesicht an die Scheibe – nein, vor mir war kein Abbild einer jungen Frau mit ebenmäßig braunem Teint.

Sie war nicht etwa ein Wesen aus Fleisch und Blut.

Sie war aus Holz.

Das zweite Mal, als ich sie sah, kam völlig überraschend. Ich war im Dom, saß schweigend und betrachtend in einer der ersten Reihen vorn rechts. Da stolperte mein Blick über sie und verfing sich abermals in ihren Zöpfen.

Daß ich sie ausgerechnet im Dom wiedersehen sollte, damit hatte ich nicht gerechnet.

Ausgerechnet im Dom!

Ausgerechnet am Ort der höchsten Keuschheit lockte sie mit ihrem wohlgeformten Körper, verführerisch wie einst auf der Postkarte.

Sie saß aufrecht auf der ersten Armlehne des Chorgestühls, nur ein paar Schritte entfernt von Altar und Bischofsthron.

Wiederum kehrte sie mir und allen übrigen Besuchern ihren Rücken zu, als wolle sie sich den allzu neugierigen Blicken bewußt entziehen. Ich aber konnte mich nicht von ihr lösen.

Wer bist Du, junges, schönes Mädchen, fragte ich leise Richtung Chorgestühl, daß Du hier sitzen darfst?

Kurze Zeit später erfuhr ich, daß meine geheimnisvolle Unbekannte gar nicht mehr so jung war. Über 600 Jahre war sie bereits alt.

Das stand in einem Domführer. Nein, nicht in dem dünnen Heftchen, das am Kircheneingang gegen einen kleinen Obolus zu haben ist. Ich kaufte mir einen richtigen dicken Wälzer, mit viel, viel Kunstgeschichte drin. Endlich wurde ich fündig. Meine Holzschönheit, so war darin zu lesen, sei angeblich die Königin von Saba. Das half mir irgendwie nicht weiter. Statt Antworten warf diese Auskunft noch mehr Fragen auf:

Warum hat die Königin von Saba etwas im Bamberger Dom zu suchen?

Wer sagt mir überhaupt, daß sie die Königin von Saba ist?

Und nach allem, was die Geschichtsbücher, das Alte Testament, der Talmud und der Koran erzählen: Hat die Königin von Saba überhaupt jemals gelebt?

Alles ist sehr geheimnisvoll, so wie die Schönheit aus Eichenholz höchstselbst. Das macht sie noch um einiges attraktiver.

Aber ein paar unumstößliche Fakten gibt es dennoch, die ich seit dieser Begegnung gierig aufgesogen habe: Der Schöpfer unserer edlen Unbekannten kam aus dem berühmten Schnitzer- und Bildhauergeschlecht der Parler. Diese aus Schwäbisch Gmünd stammende Familie hatte im 14. Jahrhundert etliche Großaufträge in Franken und Böhmen. Und so entstand im Spätmittelalter das Chorgestühl des Prager Veitsdoms, der Nürnberger Sebalduskirche und schließlich auch des Bamberger Doms. Da ersteres abgebrannt ist, helfen nur noch die Parallelen zwischen den beiden letzteren bei einer eindeutigen Bestimmung.

Wieso aber hat der Parler die Königin von Saba da hinaufgesetzt? Wollte er die Frauenquote im Dom erhöhen? Dazu bestand ja eigentlich kein Anlaß, bei der Mutter Gottes Maria, der Heiligen Elisabeth, der Heiligen Anna, Sybille der Seherin, Synagoge und Ecclesia und allen voran Kunigunde, immer wieder Kunigunde. Also nochmals: Wieso hat der Parler ein Frauenzimmer da hingesetzt? Schließlich verharrten in den 66 Sitzen des Chorgestühls die Herren Domkanoniker in frommer Pflicht und hatten sich auf ihre Stundengebete und nicht etwa auf weibliche Reize zu konzentrieren. Doch genau das ist einem von ihnen passiert, dem

Albrecht von Eyb. Der bekennt doch tatsächlich freimütig im Jahre 1452, daß er „… im hohen Dom zu Bamberg sitzend, die lieben langen Stunden… in liebender Betrachtung eines über die Maßen hübschen Mägdeleins zugebracht“ hat. So weit, so gut. Aber daß er freimütig darüber siniert, wie auf „… des Mägdeleins schöner breiter Brust… die Natur meisterlich zwei schwellende Hügel gebildet“ hat, die ihn zu weiteren erotischen Schwärmereien verlocken, das verschlägt mir fast den Atem, denn: „Weiter hinunterzusteigen ist verwehrt, aber nahe liegt ein Ort unaussprechlicher Freuden, und unaussprechliche Wünsche gehen dorthin“.

Und das ausgerechnet im Dom.

Ich sitze noch immer vorn und noch immer kehrt mir die Königin von Saba ihren entzückenden Rücken zu. Die Sonne fällt in den Westchor ein, so daß sie im Gegenlicht noch mystischer, unnahbarer und beinahe abweisend wirkt. Da erinnere ich mich an eine Redewendung aus meiner Kindheit. Immer dann, wenn ich meinen Kopf durchsetzen wollte und besondere Ansprüche hatte, dazu noch etwas faul und bequem war und die Nase etwas höher trug, bekam ich zu hören – Du meinst wohl, Du bist die Königin von Saba.

Nein, die bezopfte Schnitzfigur zeigt mir weder Arroganz noch Hochmut. Ich sehe ja noch nicht mal ihr Gesicht. Nur Zöpfe, immer wieder ihre Zöpfe. Ganz akkurat geflochten. Dazu sitzt sie völlig aufrecht. Sie ist schlicht und ergreifend sehr erhaben. Übrigens, dazu hätte sie, wenn sie wirklich die Königin von Saba darstellen sollte, tatsächlich allen Grund: In den Sagen heißt es nämlich, daß sie einen unermeßlichen Reichtum besessen haben soll. Und Weisheit obendrein.

Viele Male habe ich seither die Königin von Saba betrachtet, habe ihren Charme bewundert, ihre Ausstrahlung. Im Laufe der Zeit wurde sie für mich zur schönsten aller Bambergerinnen. Wen wundert's, daß sie auch heute noch vor allem den Männern den Kopf verdreht. Einer ihrer glühendsten Verehrer ist Gerhard C. Krischker, der sie – völlig ungewöhnlich für ihn als Mundartpoeten – in reinstem Hochdeutsch in seinem Bamberg-Buch einlädt auf ein Eis im Rosengarten. Welch schönes Bild: Die Zöpfe wippen im Sommerlicht, als sie mit ihren langen Beinen die Domtreppen hinabsteigt, um dann gemeinsam mit ihrem Galan zur Residenz zu schlendern. Die Männer sind alle voll bewundernder Anerkennung und neidisch, weil er nämlich nicht mit irgendeiner, sondern mit der schönsten Bambergerin ein Rendezvous hat. Die Frauen – nun, mit Respekt und Sympathie unter Frauen ist es ja immer so eine Sache. Die Gefahr von Zickenkrieg ist allgegenwärtig.

Aber ich mag die Königin von Saba. Und ich möchte sie näher kennenlernen.

Warum?

Ich beneide sie um ihre innere Ruhe, die sie da vorn auf der Armlehne im Chorgestühl ausstrahlt.

Ich beneide sie darum, daß sie sich alle Zeit der Welt herausnehmen darf, um dort in Gedanken zu versinken.

Ich beneide sie um ihre wunderbaren Zöpfe, denn solche hätte ich als Kind schon gern gehabt.

Und ich beneide sie um die schlichte Schönheit ihres schlanken, aber wohlgeformten Leibes.

So gehe ich wieder einmal in den Dom. Es ist ein langweiliger Mittwoch Anfang März, draußen weht ein schneidender Wind – keine Saison für große Touristenhorden, nicht einmal in den geschützten Mauern des Doms.

Ich bin bis auf eine fünfköpfige andächtige Seniorengruppe die einzige, die sich dem Westchor nähert. Und das Schicksal meint es gut mit mir. Zwei Mesner räumen geschäftig große Blumengebinde zur Seite, die noch von der Feier des Kunigundentags übriggeblieben waren. Sie gucken mich fragend an. Nein, sage ich, mein Anliegen mit Humor vertuschend, ich will keinen dieser wunderschönen Liliensträuße.

Sondern? Deutliches Mißtrauen schwingt in der knappen Frage mit.

Ich fasse mir ein Herz und frage die beiden, ob ich nicht mal die Königin von Saba von vorn anschauen kann: Naja, kam es recht streng zurück, eigentlich gibt es hierfür ja professionelle Domführungen… Mir gelingt wohl ein besonders flehender Augenaufschlag, so daß dann endlich ein wenig zögerlich die Erlösung kommt: Gut, ausnahmsweise – aber wirklich nur ausnahmsweise – läßt sich da was machen…

So folge ich den beiden über geheime Gänge, einen lauschigen Innenhof und verwinkelten Stiegen, bis ich plötzlich von hinten nahend in den Westchor eintrete.

Der Perspektivenwechsel ist unglaublich. Beinah auf Augenhöhe mit dem Bamberger Reiter. Aber sorry, Reiter – für Dich habe ich heute kein Auge. Plötzlich stehe ich da, wo ich sonst nur andächtig hingucken kann. Aber das hat alles in diesem einen Moment überhaupt keine Bedeutung. Da vorn sitzt sie also, die Königin von Saba. Und nun schaut sie mich tatsächlich an. Nicht direkt in die Augen, nein. Sie senkt ihren Blick ein wenig zu Boden, als wolle sie mir sagen: Dein Besuch – damit habe ich nicht gerechnet.

Ich auch nicht.

Und so bin ich umso überraschter, als ich sie erstmals so sehe, wie sie eigentlich ist. Ihr Antlitz ist nicht lieblich, wie ich vermutet hatte. Nein, eher herb, oder besser gesagt: entschlossen. Sie weiß offenbar genau, was sie will. Eine riesige linke Hand, fast so groß wie meine eigene, ruht auf ihrem rechten Oberschenkel. Aber sie selbst ist nicht größer als mein körpereigenes Hilfsmetermaß, mein ausgestreckter rechter Arm.

Doch dann stelle ich bestürzt fest, daß bei ihr selbiger fehlt!

Das hatte ich noch nie bemerkt. Oder hatte ich es gar nicht bemerken wollen?

Gut möglich. Denn für mich war die Königin von Saba in all den Jahren ein Inbegriff der Makellosigkeit.

Als ich den Dom tief nachdenklich verlasse, ruft sie mir leise fragend hinterher: Und? Bin ich nun für Dich immer noch die schönste Bambergerin?

Ja – jetzt erst recht!

Ich habe viel von Dir zu lernen, raune ich ihr zu. Und ergänze: Nicht nur ich, sondern alle anderen Menschen auch, und Frauen ganz besonders. Der abgebrochene Arm tut Deiner Schönheit keinen Abbruch. Ganz im Gegenteil. Auch wenn wir unter dem einen oder anderen Makel leiden, so sind wir alle auf unsere Weise schön – und im besten Falle sogar eine Königin.

Der Brunskaddä

Männer-Freizeitgestaltung in Bamberg

Um eines vorneweg gleich klarzustellen: Mit Kartenspielen kenne ich mich nicht aus. Selbst Mau-Mau müßte man mir nochmals erklären, und Schwarzer Peter auch. Rommé und Bridge sind sowieso Fremdwörter. Glücksspiele wie Black Jack oder Poker haben mich nie gereizt. Und die hohe Schule von Skat bleibt mir wohl auf ewig verborgen. Doch von alldem gibt es noch eine Steigerung.

Schafkopf.

Für mich ein Buch mit sieben Siegeln.

Schon in der Schule mußte ich taten- und ahnungslos mit ansehen, wie meine männlichen Mitschüler kleine geheimnisvolle Viererbanden bildeten und dann in einer merkwürdigen Sprache ein noch merkwürdigeres Spiel spielten. Da ging es um ein langes oder kurzes Blatt, um Ober und Unter, um Bettel und Ramsch, um Schellen und Eicheln, um Trümpfe und Luschen, um Geier und Schneider, um Solo und ums Stechen.

Wie gesagt: ein merkwürdiges Spiel.

Ein Spiel, das auch als Kampf ausgetragen wird und dann eigentlich Rennen heißt.

Und das in vielen verborgenen Ecken in Bamberg sein Zuhause hat.

Aus der Ferne beobachte ich gern ganz diskret die Schafkopfrunden. Zugang habe ich natürlich nicht. Es gibt feste Stammrunden, eingeschworene Geheimbünde, die sich zu festen Zeiten treffen und sich durch nichts und niemanden in ihrem Ritual abhalten lassen. Die einzigen, die Zugang zu diesen Tischen haben, sind die *Brunskaddä*.

Wie bitte?

Ja, die *Brunskaddä!* – Plural.

Der *Brunskaddä* – Singular.

Geschlecht: stets männlich. Über die richtige Schreibweise wird allerdings noch gestritten – die Rechtschreibreform hat keine Klarheit und Eindeutigkeit geschafft: Es könnte sich auch um *Brunzkaddä, Brundskardlä* oder *Brunskaddlä* handeln. Gemeint ist aber immer dasselbe.

Oder besser: derselbe.

Allerdings handelt es sich nicht um irgendeinen in heftigem Strahl hinpinkelnden Kater.

Beim *Brunskaddä* handelt es sich – um es sehr vornehm auszudrücken – um einen „Urinier-Kartenspieler“. Mit ganz spezieller Spielfunktion.

Und das geht so:

Schafkopf wird zu viert gespielt. Wie bereits angedeutet, es ist ein Spiel, aber es ist verdammt ernst. So ernst, daß nicht die kleinste Unterbrechung geduldet wird, auch dann nicht, wenn die für ihren überdurchschnittlichen Bierkonsum berüchtigten Kartenspieler ihre Notdurft verrichten müssen.

Genau da kommt der *Brunskaddä* ins Spiel.

Also ein freier Spieler, der den Ablauf bestens verfolgt hat und sofort und jederzeit übernehmen kann.

Vielleicht hilft zur besseren Einordnung ein kleiner Vergleich: Es ist wie beim Fußball der Ersatzspieler auf der Reservebank. Aber hier wie da gilt: Man gehört nicht einfach dazu, nein! Man kann sich nicht einfach mit dazusetzen! Man kann sich nicht selbst empfehlen! Nein, man muß nominiert werden! Gerade für alteingesessene Schafkopfrunden gilt:

Es ist eine Ehre, ein *Brunskaddä* zu sein.

Zwar wie von Gottes Gnaden auserwählt, darf er sich aber zunächst nur ganz devot zur Runde gesellen. Unauffällig, einen Stuhl breit nach hinten gerückt, sitzt er schweigend seinem Spieler zur Seite, ist quasi ein unsichtbarer Hintermann.

Und beobachtet.

Beobachtet genau.

Beobachtet ganz genau.

Ganz früher – ganz, ganz, ganz früher – brauchten die Schafkopfrunden keine *Brunskaddä*. In den klobigen Dielenböden der alten Wirtsstuben waren merkwürdige Kerben, Rinnen, eingeschnitzt, sehr diskret, unter den Eckbänken. Es war die berüchtigte *Saachrinna*: Wenn nämlich die Kartenspieler *saachn* mußten – also einen gewissen Harndrang verspürten – dann gingen sie zum *Saachn*, zum Pinkeln, nicht etwa auf die Toilette, sondern fummelten diskret unter dem Tisch ihren *Schnärbfl* aus dem Hosenstall und verrichteten ihr *Gschäffdla* geschickt über einen Spazierstock entlang in die besagte *Saachrinna* (oder zum Ärgernis eines Mitspielers in dessen Schuh…).

Keiner mußte den Tisch verlassen, keine Schafkopfrunde wurde gesprengt.

Das Kartenspiel konnte dauern, so lange es wollte.

Als diese Zeiten dann irgendwann Gott sei Dank vorbei waren, kam der *Brunskaddä* ins Spiel.

Was mich die ganze Zeit umtreibt, wenn ich Schafkopfrunden sehe:

Darf ein *Brunskaddä* aufs Klo gehen? Und wenn ja, wann?

Oder: Gibt es gar einen Ersatz-*Brunskaddä* für den *Brunskaddä*?

Allein diese Fragen zeigen: Schafkopfrunden mit und auch ohne *Brunskaddä* sind für mich weiterhin etwas Geheimnisvolles. Wenn ich welche sehe, dann bewege ich mich ganz vorsichtig, um ja nicht zu stören, um ja nicht aufzufallen. Das hätte schwerwiegende Folgen für mich. Es kann mittelschwere Erdbeben auslösen, wenn man als Außenstehender, als Frau sowieso, es wagt, sich mit einem Grüß Gott, einer Bemerkung oder gar einem Fachkommentar einzumischen.

Aber es gibt auch viele Schafkopfrunden, die nichts anderes als getarnte Männerselbsterfahrungsgruppen sind. Man(n) will schließlich auch mal unter sich sein. Und: Was als typische Fraueneigenschaft – also Tratsch und Klatsch – gehandelt wird, wollen auch die Männer nicht missen.

Warum auch nicht?

Schließlich will man(n) auch einfach mal nur *a wengla waafm unn raadschn* – schwätzen, plaudern, lästern, die Gerüchteküche anheizen. Und zwar über die Standes- und Berufsgrenzen hinweg.

Im Jahr 2003 gründete sich eine Schafkopfgruppe, die sich ungefähr alle drei Monate in der Brauerei Spezial traf, um genau das zu tun; der damalige Chefredakteur des *EffDeeh*, der seinerzeit amtierende Leiter des Amts für Ländliche Entwicklung und zwei einstige Präsidenten – von Bezirkstag und Polizei.

Allerdings, so habe ich auf mein hartnäckiges Nachfragen hinter vorgehaltener Hand erfahren, geratscht wurde hier nie. Natürlich nicht. Es wurde stets „ernsthaft diskutiert“. Aha. So nennt man das unter Männern. Bei solch einer Runde wird uns allen also schnell klar: Das Kartenspiel ist nur eine geschickte, willkommene Tarnung.

Und dazu braucht man auch keinen *Brunskaddä*.

Geschlossene Gesellschaft

Meine Wanderung durch die Wunderburg

Nein, ich gehöre nicht dazu.

Und ich werde wohl nie dazugehören – egal, wie lange ich auch in Bamberg wohnen werde.

Ich spreche von der Wunderburg.

Kein mittelalterliches Bauwerk, kein ehemaliger Adels- oder Rittersitz, sondern ein auf den ersten Blick völlig unscheinbarer Stadtteil Bambergs.

Aber der fasziniert mich, er fasziniert mich wie kein anderer.

Nein, nicht wegen irgendwelcher atemberaubend schöner alter Architektur, nicht wegen einer aufsehenerregenden Kirche, sondern wegen seines wunderbar-wundersamen Charakters.

Eigenständig, eigensinnig, eigenartig.

So ist die Wunderburg für mich.

Eine Stadt in der Stadt.

Mit unsichtbaren Stadttoren. – Eines davon ist an der Straßenecke, wo die Egelseestraße von der Peuntstraße abzweigt. Hier beginne ich meine Wanderung durch die Wunderburg.

Wie muß es hier wohl ausgesehen haben, Mitte des 14. Jahrhunderts? Da erbaute der Küchen- und Forstmeister des damaligen Fürstbischofs vor den Toren der damaligen Stadt auf einem Gelände an der heutigen Nürnberger Straße eine befestigte Hofstatt, also eine Art Gehöft mit mehreren Gebäuden und mit Stallungen. Aber sie waren nicht lose verstreut, sondern bildeten eine wehrhafte Einheit. Die Bewohner und das Vieh hatten so einen perfekten Schutz vor wilden Tieren und Räubern, wie in einer richtigen Burg. Auf einem uralten Stadtplan aus dem 17. Jahrhundert meine ich fast sogar so etwas wie Wachtürme und Wehrmauern zu erkennen. Kein Wunder, dass diese burgähnliche Siedlung im Laufe der Zeit derart bewundert wurde, dass sie im Volksmund Wunderburg genannt wurde – so sagt die Legende.

Ganz anders die viel populärere Deutung: In der Wunderburg gibt es gleich drei Institutionen in der Bamberger Brauereienlandschaft: Keesmann, Mahrs Bräu und Maisel – die sollen verantwortlich sein für folgenden Spruch: „Immer, wenn ich nachts von der Brauerei nach Haus in mein Bett gewankt bin, wunder' ich mich, wie ich heim in meine Burg gefunden habe." – So oder so ähnlich.

Aber halt – Brauereien sind heute Nebensache. Zunächst einmal.

Ich will durch die Wunderburg wandern, um Bambergs Wurzeln zu verstehen. Wurzeln – ja, das paßt! Eine seiner Wurzeln liegt nämlich hier, unter der Erde. In den Gärten. In der alten Gärtnertradition. Kaum zu glauben, daß der erste aktenkundig gewordene Gärtner Bambergs, ein gewisser Fritz Pleinser, bereits 1368 den Grundstein zu einer der wichtigsten Säulen Bambergs legte. Was er wohl damals angebaut hat? Ob er sich auch mit Unkraut und Schädlingen herumplagen mußte? Und welche Gartengeräte gab es damals überhaupt? Wie wohnte er?

Der Pleinserhof, eine kleine Seitenstraße jenseits der Bahngleise, erinnert noch heute an ihn. Doch ich bin jetzt in der Egelseestraße.

Vielleicht aber ist das, was ich gerade sehe, ganz ähnlich dem Original.

Ich luge um die Ecke, von hinten herum auf die Nürnberger Straße. Ich – ein Eindringling, der mit seinem Blick in eine kleine eigene Welt eindringt. Da duckt sich ein uraltes Häuschen, eingerahmt von Grün und dem satten Braun der Erde. Das Tor – ein staunender, offener Mund, dann das Seufzen des alten Holzes. Das Haus gähnt, es ist müde, nach so vielen Jahren, Jahrzehnten, Jahrhunderten.

Der Lücken im Mauerwerk, der bröckelnde Putz, bloßgelegte Klinker – nein, kein Zeichen des Alters, keine Falten, sondern ein leiser Hilferuf: Seht her, wie verletzlich ich doch bin.

Wie das Haus von Gärtner Schley, die Nummer 28 in der Nürnberger Straße, so finden sich auch heute noch viele Gärtnerhäuser – jedes für sich klein, bescheiden. Aber kommt dann eines nach dem anderen, eins zum andern, dann sind sie eine verwobene Einheit, verbunden durch die lange Zeile der Dächer, ein Deich aus einer fensterlosen Ziegelfront, die über die Traufkante bis fast auf die Gehsteige hinabzufallen scheint.

Vor dem Haus ist also hinter dem Haus: Ein metallener Klappstuhl, etliche Gartengeräte, Tonnen, Fässer, Kübel geben sich vor der heiteren Fassade ein Stelldichein. Noch nie habe ich ein solch friedliches Durcheinander gesehen. Und doch wirkt es so aufgeräumt. Jetzt, so denke ich, jetzt wird gleich die Tür aufgehen und die Gärtnersfrau mit einem weißen *Hoodela*, dem Kopftuch, und einer ausladenden Schürze nach draußen kommen, vielleicht eine Schüssel Bohnen in der Hand, die sie im Sonnenschein putzt.

Nein, keiner kommt.

Das alte Gärtnersehepaar Schley ist längst gestorben. Doch die die Flächen ihres Hausgartens sind pickobello gepflegt, brachliegendes Land strahlt mir siegessicher entgegen – ohne auch nur ein Hälmchen Unkraut.

Garten-Ästhetik,
Gärtner-Ästhetik,
Gärtner-Heiligtum.

Fast war ich dabei, dem Schley-Haus zuzuwinken, als ich mich von der Nürnberger Straße abwende, um mich weiter auf meine Wanderung zu begeben. Still gehe ich die Egelseestraße entlang. Noch bin ich gar nicht weit gegangen, da beschleicht mich ein seltsames Gefühl der Fremde. Bilde ich es mir ein, oder schauen mich die wenigen Fußgänger, die in der drückenden Mittagsschwüle unterwegs sind, genauer, prüfender an? Ich sage: Grüß Gott, doch zurückgegrüßt werde ich nicht, lediglich ein angedeutetes Kopfnicken. Ich komme mir vor, als stünde auf meiner Stirn: Ich bin NICHT von hier. Fast fühle ich mich ein bißchen wie außerirdisch.

Man hatte mich vorher gewarnt: Die Gärtner, so mußte ich mir sagen lassen, sind ein derber Schlag. Paß auf, wenn Du mit ihnen zu tun hast, denn sie sind oft gnadenlos bockbeinig und lieben es besonders, zu kritisieren, verbessern, tadeln, korrigieren. Das gilt für seinesgleichen und für Außenstehende erst recht. Das sage nicht ich, sondern das sagt Dr. Hans Rost – Bamberger Gärtnerssohn, Ökonom und Journalist in einem – in seinen Betrachtungen Anfang des letzten Jahrhunderts.

Die Gärtner, pathologische Besserwisser, notorische Nörgler also? Nein, so einfach lassen sie sich bestimmt nicht über einen Kamm scheren, denke ich mir. Als dann plötzlich ein Traktor durch die Straße rattert, sein Fahrer – ist das nicht einer aus der Gärtnerdynastie der Eichfelders? – hoch erhoben auf dem Bock thront, da weiß ich: Die Gärtner sind gesegnet mit einer ordentlichen Portion Stolz und Selbstbewußtsein. Und das wird eben gern zur Schau gestellt.

Da öffnet sich plötzlich zu meiner Linken ein ungeahnter Anblick. Nein, es ist eher ein Einblick: Durch einen mächtigen schmiedeeisernen Zaun blicke ich auf ein langes gestreiftes Handtuch – so jedenfalls präsentiert sich mir die nächste Gärtnerfläche. Wieder dieser saubere Eindruck, wieder dieser Gleichklang von Pflanzen und Boden. Ein Streifen in Rotgrün, gemustert durch die kecken kirschfarbenen Mangold-Stiele, dann ein Streifen zackiger Artischocken in bestechendem Grünblau. Oh ja, ich habe längst begriffen: In der Wunderburg sind blaue Wunder längst keine Seltenheit. Ganz am rechten Handtuchrand – ein lockeres Frotteeband aus bunten Blumen. So einladend! Ich ertappe mich dabei, wie ich innerlich versucht bin, mich irgendwie über den Zaun zu stehlen, mich einfach hier auszustrecken und zwischen den *Föhra*, den kerzengeraden Furchen, ein wenig zu ruhen und Hans-Guck-in-die-Luft zu spielen.

Aber die Wunderburg will weiter erkundet werden, so viel Wunder, so viel Burg.

Etliche, die hier wohnen, tragen gar die Ortsbezeichnung in ihrem Namen: Burgis – der/die von der Burg is'. Burgis, ein ganz klassischer alter Gärtnername. Aber wie konnte man die vielen Burgis auseinander halten? Was heute in Facebook die Pseudonyme sind, das waren unter den Gärtnern die Haus- und Spitznamen. Da drüben, und mein Blick wandert ein erneutes Mal hinüber in die Nürnberger Straße, da gab es einen Burgis, der

Schloofer genannt wurde, seine Frau war logischerweise die *Schloofera*. Und es gab einen *Ulmer* und den *Schmiedla*. Und einen *Rettichbitzer* und einen *Salonbastl*.

Und alle waren Burgis, und alle waren Gärtner. – Wie schön, daß es wenigstens zum Teil heute noch so ist. Da gibt es noch den Gärtner Burgis in der Egelseestraße und den Gärtner Burgis in der Memmelsdorfer Straße. Und ein-, zweimal im Monat treffe ich den jungen Christian Burgis, der eine Brücke zu den Kunden in der Stadt schlägt, indem er im Supermarkt bei Frau Rudel die leckersten Lauchstangen der Stadt anpreist. Die meisten Burgis sind aber wie Du und ich, sie arbeiten bei der Sparkasse oder im Geschäftsführerbüro, als Steuerberater oder Funktechniker. Und bestimmt sind sie auch bei der Bosch oder bei Brose zu finden.

Ein letzter Blick schweift über mein Garten-Handtuch.

Wo sind eigentlich die Zwiebeln?

Ich sehe weit und breit keine einzige hellgrüne Schlotte. Ist denn das Zwiebellaub schon umgetreten worden? Ich versuche mich krampfhaft an die Bauernregel zu erinnern, die vorschreibt, zu welchem Tag – war es Johanni, war es Mariä Himmelfahrt? – die saftigen Halme mit den Füßen plattzutrampeln waren, um alle Kraft in die pikante Knolle zu treiben. Keine Ahnung, ob dieser Trick durch die schlauen Bamberger erfunden wurde. Könnte aber schon sein, denn woher sonst soll ihr Spitzname *Zwiebeltreter* gekommen sein?

Ah! Da fällt es mir wieder ein – das Zauberdatum: Am Margaretentag, dem 20. Juli, heißt es: Auf zum *Dswiefl*-Treten. Aber ich sehe auch keine welken Schlotten. Dann, so die Schlußfolgerung, schaue ich zweifelsfrei auf eines der zwiebellosen Felder. Und die sind leider immer öfter in Bamberg anzutreffen. Zwiebeln sind längst nicht mehr der Renner. Das war früher anders. Die Zwiebeln waren begehrte Handelsware und wurden weit über die Grenzen Bambergs berühmt und dort als Delikatesse verkauft. Waren sie gar so edel, daß man sie mit der französischen Zwiebel *oignon* gleichsetzte? Nannte man deswegen die fahrenden Bamberger Gemüsehändler, die zum Beispiel den Coburger Zwiebelmarkt beschickten, die *Ohnifahrer*?

Ich weiß es nicht, ich bin ja nur Außenstehende. Überall spüre ich: Geschlossene Gesellschaft. Und deswegen würde ich mich auch nie trauen, hier auf meiner Wanderung durch die Wunderburg irgendeinen echten Einheimischen zu fragen. Ich hätte Angst, als *Nölla*, als Tolpatsch und Trottel, dazustehen. Doch eines, das nehme ich mir ganz fest vor: Ich werde mit mehr Ehrfurcht demnächst eines meiner Bamberger Leibgerichte essen, gefüllte Zwiebel, mit oder ohne Biersoß', das ist egal. Aber eingedenk der Gärtner, das steht fest.

Mittlerweile bin ich die Egelseestraße schon ein ganzes Stück entlanggelaufen, da lächelt mich von der Seite die Plattengasse an.

Ganz klein, scheinbar unscheinbar.

Deswegen gefällt sie mir. Sie trennt genauso, wie sie verbindet. Sie führt mitten durch das Kernland der Bamberger Gärtner.

Aber was weiß ich denn schon vom Bamberger Gärtnerland? Lange, ganz lange wußte ich nichts davon, nichts darüber. Mit diesem Makel bin ich nicht allein. Denn – sind wir mal ehrlich: Vor allem der Landesgartenschau ist es zu verdanken, daß ein neues Gärtnerbewußtsein in Bamberg entstehen durfte, sogar über die Grenzen der Stadt hinaus. Und das will was heißen, denn Grenzen sind für die Bamberger Gärtner etwas ganz wichtiges. Die wichtigste verläuft entlang einer Linie Färbergasse-Spitalgasse-Zollnerstraße zwischen der Unteren Gärtnerei mit angrenzenden Feldern in der Nordflur und der Oberen Gärtnerei mit angrenzenden Feldern in der Südflur.

Nach jahrhundertelangen Hakeleien waren sich die *Ünderä* und die *Öbern* irgendwann so spinnefeind, daß es zum Zerwürfnis kam. Es war in der zweiten Hälfte des 19. Jahrhunderts: die Hoch-Zeit der Bamberger Gärtner. Über 500 Gärtnerfamilien waren ansässig, 400 Gesellen in Lohn und Brot, dann gipfelte der Zank unter ihnen im Jahr 1882:

Es gab Krach um die Gültigkeit der Vorstandswahlen, die Unteren und die Oberen gingen künftig getrennte Wege.

Von diesem Zwist merke ich freilich auf meinem Weg durch die Plattengasse nichts.

Mit mir spazieren nur die verblassenden Erzählungen durch die friedliche Gärtnerwelt hüben und drüben.

Schmetterlinge wackeln in der Luft.

Ein warmer Windhauch.

Aromen von Minze und Majoran kitzeln meine Nase. Mmmh…!

Es gibt keinen besseren Wegweiser in die Gärtnerei *Mussärol*!

Gleich hinter dem Hofeingang sehe ich *die Gäddi* – Gertrud Leumer, wie die Inhaberin hier von den Wunderburgern liebevoll genannt wird. Sie sortiert Blumenscherben aus Ton, denn Plastiktöpfe gibt es hier nicht. Aber Pflanzen will ich heute eh nicht kaufen, nur bestaunen. Meine Füße tragen mich von selbst nach hinten in die großen Kräuterbeete.

Pssst! Ich bewege mich ganz leise, ganz unauffällig. Ich will kein Störenfried sein.

Welch eine Oase!

Welch ein wunderschöner Garten!

Eine heile Welt! Oder?

Nein, der Garten ist keine heile Welt, aber eine Welt, die mit sich im Reinen ist, die Harmonie zuläßt zwischen Pflanzen und Erde, exakt gezogenen Furchen und wildwuchernden Stauden, zwischen Gruscht, Krempel und der einfachen Ordnung der Natur.

Da hinten, da steht ein kleines gußeisernes Tischlein. Sonnenlicht, das sich den Weg durch die Büsche bahnt, läßt es violett, bläulich schimmern.

Wieder ein kleines blaues Wunder in der Wunderburg.

Oder soll ich vielleicht doch noch zwei, drei Kräuterstöckchen kaufen? Nur welche?

Mussärol, also Majoran, habe ich bereits zu Hause, eines meiner Lieblingsgewürze, eines der Lieblingsgewürze der Bamberger Metzger, denn nur so werden die *Broodwörschdla* richtig pikant. Dann bewundere ich staunend das Süßholz. Komm doch, nimm mich mit, ruft es mir leise zu und winkt und lockt mit seinen zartgefiederten Blattfingern.

Ob ich es doch noch einmal versuchen soll?

Vor Jahren wollte ich meinen Grünen Daumen unter Beweis stellen, kaufte mir bei Gertrud Leumer ein junges Pflänzchen. Prächtig sah es aus und ich, ja, ich sah mich schon irgendwann im Geiste Süßholz raspeln.

Soweit kam es aber nicht, denn nur ein guter, sehr guter und sehr tiefgründiger, perfekt gelockerter Boden mit ordentlichem Humusanteil und reichlich Platzangebot läßt die Mega-Wurzel gedeihen. Wie töricht ich doch war, es mit meinem lehmigen Kleingarten zu probieren.

Die Nürnberger Straße liegt breit und faul vor mir, als ich die Gärtnerei verlasse. Heiß ist es.

Doch ich weiß, wo ich Schatten finde.

Da vorn, da steht das mächtige Backsteingemäuer der alten Holzhof-Kaserne. Unnahbar und fast ein wenig unheimlich wirken die hohen Mauern.

Und wieder habe ich das Gefühl, daß ich hier fremd bin, sehr fremd. Hinter den Mauern herrschte bis nach dem Ende des Ersten Weltkrieges eine ganz eigene Welt: die Einheiten des 1. Ulanen-Regiments.

Kaiser-Soldaten!

Elite-Reiter!

Geschlossene Gesellschaft!

Den Krieg, den Sieg im Auge. Mit strengen Gesetzen, Gehorsam, Disziplin und Drill.

Doch der Alltag in der Kaserne war gar nicht besonders spektakulär: Er bestand vor allem aus Exerzieren zu Fuß und Pferd, Schieß- und Fechtübungen mit Lanzen und Säbeln und – man höre und staune – dem Schwimmtraining, nicht nur für den Reiter, sondern auch fürs Pferd! Ich stelle mir vor, wie schwerfällig sich nasse Menschen, nasse Uniformen, nasse Tiere durch den Main quälen. Just in dem Moment fällt mein Blick auf den Ladeneingang eines Bademoden-Outlets, das heute seinen Sitz in der alten Holzhof-Kaserne hat…

Die Festung der Kaserne im Rücken, durch die Holzgartenstraße, zwischen Höfen und Gärten komme ich mir vor, als näherte ich mich dem schützenden Innenhof einer Burg: wundersame Ruhe.

Also doch: Wunderburg!

Ich spüre, wie ich unweigerlich von einem Magneten angezogen werde: dem Zentrum der Wunderburg, rund um die Maria-Hilf-Kirche, zwischen der Brauerei Keesmann und Mahrs Bräu.

Hier ist die Keimzelle des Burglebens.

Burgfrieden.

Heute aber ist hier alles etwas anders, eine wuselige, freudige Betriebsamkeit herrscht hier. Gerade wird das Kirchweih-Zelt aufgestellt!

Kerwazeit is'!

Von mir nimmt keiner Notiz, ich schleiche ein wenig herum, gucke hier, gucke da und weiß nicht so recht etwas mit mir anzufangen. Fehl am Platze komme ich mir vor. Da – der rettende Anker: Ein imposanter Brunnen! Auch wenn ich nicht aus der Wunderburg bin, erkenne ich doch schnell: Ihr ganzes Leben, ihre Geschichte, ihre Menschen sind hier abgebildet, die Brauer, die Gärtner sowieso.

Und die Ulanen.

Wie schön, daß ihnen und dem berühmtesten unter ihnen, dem späteren Hitler-Attentäter Oberst Claus Schenk Graf von Stauffenberg, nicht nur das große Reiterdenkmal am Ulanenplatz gewidmet ist, sondern auch ein kleines bescheidenes Relief am Brunnen…

Schräg gegenüber strömen plötzlich viele Passanten an mir vorbei, alles ältere Herrschaften. Aber wie zielstrebig sie sind! Ich folge ihnen unauffällig. Es geht hinein in einen Festsaal.

Abermals geschlossene Gesellschaft!

Verführerischer Kaffeeduft wabert durch den Raum. Lachen erfüllt die Luft, viel Lachen.

Ich erkenne schnell: Man ißt und ist unter sich. Der Bürgerverein macht zusammen mit seinen Wunderburger Senioren den Kerwa-Auftakt bei Kaffee und Kuchen.

Geschlossene Gesellschaft – zumindest für mich. Aber dieses zusammenhaltende Miteinander, das ist so stark, daß selbst ich es mit den Händen greifen kann. Fest und ehrlich fühlt es sich an. Nachdenklich, und ein wenig neidisch auf diese außergewöhnliche Gemeinschaft verlasse ich auf leisen Sohlen den Ort des Geschehens.

Grübelnd trete ich den Nachhauseweg an. Soll ich noch im Hofladen einer Gärtnerei etwas einkaufen? Oder beim Metzger etwas mitnehmen? Ach nein, lieber nicht. Auch hier erwartet mich das unsichtbare Schild: Geschlossene Gesellschaft.

Eine Gärtnersfrau meinte neulich, daß es zwar ganz nett sei, mit den Touristen ein bißchen Laufkundschaft mehr zu haben. Aber eigentlich stören die eher das Tagesgeschäft und deswegen *braung mä die ned*.

Und eine kleine Wunderburg-Metzgerei, über die ich schon viel Gutes gehört habe, erklärt öffentlich auf ihrer Internet-Seite, daß sie am liebsten auch so bleiben möchte, wie sie ist: klein. Da wird offensichtlich keine Expansion angestrebt, bewußt kein neuer Kundenkreis erschlossen. Das ist mutig, denke ich, Qualität statt Quantität und das Bekenntnis, daß man sich als Familienbetrieb „nur sehr ungern vergrößern“ möchte…

Typisch Wunderburg? Ich glaube fast ja.

Und in die Brauerei?

Ach nein, lieber auch nicht.

Jetzt zumindest nicht.

Ich warte ab bis in den Oktober, den November und gehe dann an einem dunklen nebligen Abend zu einem der legendären Bockbieranstiche.

Bis dahin wartet mein Wunderburg-Bier auf mich. Ich bin sicher.

Also trolle ich mich.

Das war meine Wanderung durch die Wunderburg. Ich habe viel, aber längst nicht alles gesehen.

Ich weiß: Ich gehöre nicht dazu.

Aber trotzig muckt es in mir auf:

Ja, ich komme wieder. Komme demnächst vielleicht sogar öfter. Spätestens im Oktober, im November. Ob ich dann dazugehöre?

Ich weiß es nicht.

Aber Wunder gibt es immer wieder…

Wieder im Schlenkerla

Angekommen

Da bin ich wieder.

Angekommen. Wieder einmal. Im Schlenkerla.

Kein Platz ist heute frei, die alte Stube bebt vor Bier und Biertrinkern.

Hogg Di do na, ruft mir Ludwina zu, *do her*, und winkt mich an den Stammtisch.

Was, ich? An den Stammtisch? Ich traue mich nicht, doch Ludwina schiebt mir einen Stuhl unter.

Hinten am anderen Eck rumort es. Alteingesessene Stammtischbrüder schicken sich an, gegen die von oben diktierte Sitzordnung den Aufstand zu proben.

Unn ich sooch Euch: Des Madla bleibt do höggn, keift Ludwina die Männergesellschaft an. Und zu mir gewandt: *Hör fei ned auf die Hollämöffl.*

Die *Hollämöffl,* also die brummigen, streitsüchtigen, kauzigen Kerle, zucken zusammen. Die Meute merkt, daß jeder Widerstand zwecklos ist. Ich bekomme Asyl. Und sie einen Maulkorb. Das Genörgele wird zu einem leisen Gebrabbel.

Als sich dann auch noch *dä Nüßleinsbaul*, Paul Nüßlein, Inhaber der gleichnamigen Weinstube, zu mir setzt und mit mir spricht, verstummen sie schließlich vollends. Der Argwohn aber bleibt.

Ludwina kommt mit einem Bier. Nicht mit irgendeinem. Es ist ein Fastenbier, wir haben schließlich kurz nach Aschermittwoch. Der leicht naturtrübe, rotbraune Trunk kommt in einem Glasseidla daher, nahrhafter als gewöhnlich, süffiger als gewöhnlich.

So macht Fasten Spaß! Und schließlich gilt ja: Flüssiges bricht das Fasten nicht.

Ha! Ich kann es gar nicht verhindern, da fällt mir wieder die Legende von den bierbrauenden Mönchen ein, von denen der Papst, ein wenig mißtrauisch geworden, eine Kostprobe des Gebräus einforderte. Schließlich mußte er sich selbst davon überzeugen, daß Bier ein geeignetes Fastengetränk war. So rumpelte denn schließlich ein Faß davon gen Rom, über die Alpen. Autobahnen gab es nicht, auch keine Kühltransporter. Und je mehr es Richtung Süden ging, desto wärmer wurde es. Es kam so, wie es kommen mußte: Das Bier wurde sauer. Der Papst indes hatte wenig Ahnung, wie gut Bier schmeckt, wenn es denn frisch gezapft ist. Und so hatte er nullkommanull Vergleichsmöglichkeiten, als er schließlich einen Schluck davon nahm. Angewidert spuckte er es aus und rief: Wahrlich, wer dieses Zeug trinkt, der fastet wirklich aufrichtig! – Seit diesem Augenblick ist das Biertrinken in der Fastenzeit von oberster Stelle genehmigt.

Auch im Schlenkerla, da erst recht!

Und jetzt, jetzt habe ich wirklich Durst.

Das Bier zischt, doch ich trinke nicht gierig wie sonst – die ersten drei, vier Schluck ohne abzusetzen. Nein, es füllt langsam meinen Gaumen, nun weiß ich endlich, woher der Begriff vollmundig kommt.

Das ist es – das Besondere des Fastenbieres:

Da ist die Brotzeit schon mit drin. Und deswegen verzichte ich heute auch ausnahmsweise auf das süchtig machende Fastengebäck: frische Hefezöpfchen, direkt aus dem Ofen, noch warm, mit grobem Salz und natürlich – Fastenzeit hin oder her – mit einem rahmigen Stück Butter.

Welch sündiger Genuß!

Mittlerweile nimmt die Männerrunde am Stammtisch keine weitere Notiz mehr von mir. Auch nicht von den übrigen Gästen. Ein Schwall von Touristen ergießt sich soeben in die Alte Stube, eine Damenrunde aus Düsseldorf oder Köln, in jedem Fall aus dem Rheinland, wie sich herausstellt. Aufgeregtes Geschnatter und Stühlerücken.

Ich gestatte mir einen großen Lauschangriff und erhasche einige Gesprächsfetzen.

Isch hann ja nit jedacht, dat es hier sooo schön iss…
Die Wortführerin erhält theatralisch Zustimmung von ihren Begleiterinnen. Ich muß lächeln.

Bestimmt sind sie vorher durch die Stadt marschiert, waren am Alten Rathaus und im Dom. Bestimmt haben auch sie sich gewundert, wie „klein" doch der Bamberger Reiter ist und waren entzückt, wie „echt" doch das Engelsbeinchen aussieht. Viele Bamberger können solche Sprüche nicht mehr hören. Ich schon. Denn es erinnert mich daran, wie ich das erste Mal staunend durch die Altstadt gebummelt bin, wie oft ich ein stummes „Ah!" und „Oh!" über die Lippen geschickt habe. Und wie ich dann irgenwann gemerkt habe, daß diese wunderschönen Fassaden mehr als nur Traumstadtkulissen sind und es wert sind, hier zu verweilen. Vielleicht sogar für immer.

Mit meinem letzten Schluck Fastenbier proste ich der heiteren Runde zu und sage dem Schlenkerla für heut' *Ade*. – Halt, nicht gleich, denn das Bier zeigt seine treibende Wirkung. Und so mogele ich mich nach hinten zu den Toiletten, vorbei an den Stehgammlern, die laut an der Wand lümmelnd, ohne einen Sitzplatz zu wollen, draußen im Durchgang ihr Seidla trinken. Ist es Zufall oder witzige Anspielung, daß gerade hier – auf dem Weg, der für alle gleich ist, nämlich auf dem Weg zu den Örtlichkeiten – über mir zwischen Fachwerk und Putz geschrieben steht:

Geh Deinen Weg und laß die Leute reden.

Dieser Spruch hat sich in all den Jahren eingegraben in mein Gehirn, hat zunehmend an Bedeutung gewonnen, nicht nur hier im Schlenkerla.

Welch wunderbares Lebensmotto.

Es ist Zeit für den Nachhauseweg. Das gedämpfte Licht des frühen Abends vermischt sich mit der warmen Beleuchtung der Stadt und taucht die barocken Häuser, die mittelalterlichen Gassen in einen sanften Schimmer.

Die dämmerigen Treppen am Katzenberg tragen mich nach oben auf den Domplatz. Mein Blick geht wie immer automatisch nach oben.

Die vier Türme.

Vier Zeigefinger?

Vier Fingerzeige?

Nein. Im Abendlicht erkenne ich plötzlich etwas ganz anderes in den Domtürmen: Es sind vier säuberlich angespitzte Bleistifte.

Schreib es auf, raunen sie in den dunklen Himmel, schreib es auf, daß Du Bamberg magst.

Ja, ich werde es aufschreiben. Es wird ein Liebesbrief, der so beginnt, wie es hier nun endet:

Mein Gott, wie sehr liebe ich diese Stadt.

Empfehlenswerte Literatur

Lieblinge unter den bebilderten Bamberg-Büchern:

Gaasch, Uwe; Kahle, Ulrich: Der Bamberger Domberg. Bilder einer geistlichen Stadt, Verlag Fränkischer Tag, Bamberg 2006. (ISBN 978-3-936897-28-9)

Heckel, Willy; Bauer, Emil: Ein Tag für Bamberg. Wege durch die Traumstadt, Verlag Fränkischer Tag, 5., aktualisierte Auflage, Bamberg 2003. (ISBN 978-3-928648-97-4)

Krischker, Gerhard C.; Weiß, Erich: Mein Bamberg, Verlag Fränkischer Tag, Bamberg 2004. (ISBN 3-936897-09-3)

Moser, Peter; Schraudner, Jürgen: Bamberg. Gestern und heute – Eine Gegenüberstellung, Wartberg Verlag, Gudensberg-Gleichen 1997. (ISBN 3-86134-37-0)

Für mich der beste Taschenbuch-Stadtführer:

Dengler-Schreiber, Karin: Bamberg für alte und neue Freunde. Ein Führer durch die Stadt, Heinrichs-Verlag, 9., überarbeitete. Auflage, Bamberg 2012. (ISBN 978-3-89889-157-8)

Ohne Anspruch auf Vollständigkeit: Viel Lesens- bzw. Wissenswertes findet sich in:

Artmann, Karl-Heinz: Auf den Spuren der Familie Messerschmitt im Weltkulturerbe Bamberg, Eigenverlag, Bamberg 2003. (ohne ISBN)

Artmann, Karl-Heinz: Bambergs Rangschiffer auf Main und Regnitz, Verlag Fränkischer Tag, Bamberg 2008. (ISBN 978-3-936897-5-48).

Braun, Peter: Der Bamberger Dom. Ein Kurzführer, Heinrichs-Verlag, 4. Auflage, Bamberg 2006. (ISBN 3-89889-011-2).

Dengler-Schreiber, Karin: Kleine Bamberger Stadtgeschichte, Verlag Friedrich Pustet, 2., aktualisierte Auflage, Regensburg 2010. (ISBN 978-3-7917-2011-1)

Dengler-Schreiber, Karin: Eine Insel blüht auf. Von der Spinnerei zur Landesgartenschau, Verlag Genniges Buch, Bamberg 2012. (ISBN 978-3-9249834-06)

Freise-Wonka, Christine: Bamberger Frauengeschichten, Heinrichs-Verlag, 2. Auflage, Bamberg 2010. (ISBN 978-3-89889-0505-2)

Freise-Wonka, Christine: Sprichwörtliches Bamberg. Auf den Spuren alter Redewendungen und Sprichwörter, Heinrichs-Verlag, 2. Auflage, Bamberg 2010. (ISBN 978-3-89889-139-4)

Gockel, Heinz: Der Bamberger Reiter. Seine Deutungen und seine Deutung, Deutscher Kunstverlag, München/ Berlin 2006. (ISBN 978-3-422-06669-4)

Habermehl, Georg: Des Herrgotts großer Tiergarten. Urgestein, Harlekin, Fremdenschreck (…), Erich Weiß Verlag, Bamberg 2011. (ISBN 978-3-9408211 8-8)

Hartleitner, Christiane; Schipkowski, Nina: Das Hainbad in Bamberg. Ort des Genusses,, Erich Weiß Verlag, Bamberg 2010. (ISBN 978-3-940821-03-4)

Kestler, Stefan; Tapken, Kai-Uwe: „Drum frisch, Kameraden, den Rappen gezäumt…“, Verlag Fränkischer Tag, Bamberg 1998. (ISBN 3-928648-36-5)

Kloos, Ralph; Göltl, Thomas: Die Hexenbrenner von Franken. Die Geschichte eines vertuschten Massenmordes, Sutton Verlag, Erfurt 2012. (ISBN 978-3-95400-10-95)

Krischker, Gerhard C.: Ich habe Bamberg liebgewonnen. Stimmen aus und über Bamberg, Bayerische Verlagsanstalt, Bamberg 1979. (ISBN-3-87052-424-3)
Mannsbart, L.: Bamberger Dialekt in Deutsch und Englisch, Mannsbart Verlag, 5. Auflage, Bamberg 2010. (ohne ISBN)
Motschenbacher, Rettl: Häcker, Heilige und Hollämöffl. Geschichten vom Bamberger Kaulberg, Verlag Fränkischer Tag, Bamberg 1997. (ISBN 3-928648-91-8)
Motschenbacher, Rettl: Zwoggäla, Grischperla und Blunzn. Neue Geschichten vom Bamberger Kaulberg, Verlag Fränkischer Tag, Bamberg 1999. (ISBN 3-928648-99-3)
Motschenbacher, Rettl: Potzgä, Pöppl und Potschamber, Alte und neue Geschichten aus Bamberg, Verlag Fränkischer Tag, Bamberg 2001. (ISBN 3-928648-69-1)
Motschenbacher, Rettl: Lausmaadla, Lehrbum und Lüschla. Alte und neue Geschichten aus Bamberg, Verlag Fränkischer Tag, Bamberg 2003. (ISBN 3-936897-00-X)
Motschenbacher, Rettl: Saamäla, Spreißäla und Sprüchbeutl. Alte und neue Geschichten aus Bamberg, Verlag Mediengruppe Oberfranken, Bamberg 2007. (ISBN 978-3-936897-50-0).
Müller, Bruno: Der Bamberger Karmeliten-Kreuzgang, Langewiesche Bücherei, 4. Auflage, Königsstein 2009. (ISBN: 3-7845-0182-6)
Peter, Claus: Bamberger Glocken, Geläute und Turmuhren in Bamberg. Geschichte, Bestand, Quellen, Heinrichs-Verlag, Bamberg 2008. (ISBN 978-3-931432-14-0)
Steinhorst, Renate: Weißt Du noch? (…) Geschichten und Anekdoten aus dem Bamberg der 50er Jahre, Herkules Verlag, Kassel 2006. (ISBN 3-937924-41-8)

ihn ein gutes Stück weiterbringen. Es gab keinen Plantagenaufseher in ganz Louisiana, der sich so gut auf Zuckerrohr verstand wie er. Und wenn er es auch ganz allein pflanzen und ernten musste, würde er das verdammte Zuckerrohr in eine wahre Goldmine verwandeln. Und in einigen Jahren würden dann die Buleys und die Carringtons und all die anderen hochmütigen Plantagenbesitzer die Hüte vor ihm ziehen und respektvoll zur Seite treten, wenn er vorüberging.

Virginia stand auf, ging zum Waschtisch und säuberte sich. Dann trug sie die Waschschüssel zum Bett und begann, Chantz mit einem seidenen Lappen und warmem Wasser abzureiben. Liebevoll betrachtete sie seinen Körper.

»Hast du wieder bei Bovier gekämpft? Einige schöne blaue Flecke hast du dir da eingehandelt. Wen hast du denn diesmal zusammengeschlagen?«

»Boris Wilcox.«

Virginia hob missbilligend die Brauen. »Er ist ein gemeiner Kerl, Chantz. Halte dich von ihm fern.«

»Er nannte meine Mutter eine Flussratte.«

»Es gibt Schlimmeres.«

»Nein!« Er stand auf und trat ans Fenster, das den Blick auf das braune Wasser des Mississippi freigab.

Von den Hütten am Flussufer schienen Lichter herüber. Die Menschen, die diese Behausungen aus Teerpappe und Lehm errichtet hatten, waren schmutzige, antriebslose, von Läusen befallene Kreaturen, die ihr Dasein mit Diebereien und Raubmorden fristeten. Außerdem stahlen sie Vieh und Getreide von den Plantagen und verbreiteten Krankheiten, sogar Gelbfieber.

Nein, es gab nichts Schlimmeres als die Flussratten ... außer natürlich die Gelbe Pest selbst.

Virginia trat hinter ihn und ließ ihre Hände über seinen muskulösen Rücken und seine Hüften gleiten. »Eines Tages, Chantz, wirst du deinen gerechten Lohn erhalten. Habe Geduld. Ein so ehrlicher, schwer arbeitender Mann wie du wird es weit bringen.«

»Ich werde nicht jünger, Virginia.«

»Wie alt bist du denn jetzt? Dreißig? Süßer, du befindest dich gerade in der Blüte deines Lebens. Schon bald wirst du eine junge Frau finden und dich irgendwo niederlassen – und dir einige Kinder zulegen.«

»Nein.« Chantz schüttelte den Kopf. Ein schweres Gewicht schien ihm plötzlich auf der Brust zu lasten, und er verspürte den nur allzu vertrauten Zorn. »Um keinen Preis würde ich ein Kind in die Welt hineinbringen, in der ich leben muss. Auf meinen Sohn soll man nicht herabsehen, weil er hinter dem Herrenhaus wohnt, statt darin. Kerle wie Horace Carrington sollen meinen Sohn nicht verspotten. Und ich will verdammt sein, wenn ich zulasse, dass meine Kinder anderer Leute abgelegte Kleidung tragen und verdorbenes Maismehl essen müssen, weil ihr Vater nicht in einem Ehebett geboren wurde.«

»Du besitzt mehr Stolz, als dir gut tut, Chantz, von der Wut ganz zu schweigen. Du hast ein viel zu aufbrausendes Temperament ...«

»Heißt das etwa, ich hätte kein Recht, wütend zu sein?« Er wandte sich aufgebracht zu ihr um.

Virginia hielt seinen Blick mit dem ihren. »Es gibt niemanden in dieser Stadt, der nur über einen Funken Anstand verfügt und nicht anerkennt, dass du jedes Recht hast, zornig zu sein. Und jedermann bewundert dich dafür, wie aufrichtig und ehrenhaft du immer gehandelt hast. Aus dir ist der beste Plantagenaufseher von ganz Louisiana geworden.